30초
영어 말하기
스피킹 매트릭스

INPUT

KB106031

한국인을 위한 가장 과학적인 영어 스피킹 훈련 프로그램

스피킹 매트릭스
SPEAKING MATRIX

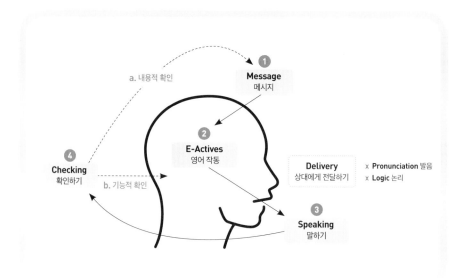

영어 강의 21년 경력의 스피킹 전문가가

한국인의 스피킹 메커니즘에 맞춰 개발하여

대학생, 취업 준비생, 구글코리아 등 국내외 기업 직장인들에게

그 효과를 검증받은 가장 과학적인 영어 스피킹 훈련 프로그램

『스피킹 매트릭스 Speaking Matrix』

이제 여러분은 생각이 1초 안에 영어로 완성되고

30초, 1분, 2분, 3분,⋯ 스피킹이 폭발적으로 확장하는

놀라운 경험을 하게 될 것이다!

내 영어는
왜 5초를 넘지 못하는가?

당신의 영어는 몇 분입니까? 영어를 얼마나 잘하는지 확인할 때 보통 "얼마나 오래 말할 수 있어?", "1분 이상 말할 수 있니?"와 같이 시간을 따집니다. 영어로 오래 말할 수 있다는 것은 알고 있는 표현의 수가 많고, 다양한 주제를 다룰 풍부한 에피소드들을 가지고 있음을 의미합니다. 그래서 '시간의 길이는 스피킹 실력을 판가름하는 가장 분명한 지표'입니다.

스피킹 매트릭스, 가장 과학적인 영어 스피킹 훈련법! 영어를 말할 때 우리 두뇌에서는 4단계 과정 (왼쪽 그림 참조)을 거치게 됩니다. 그러나 보통은 모국어인 한국어가 영어보다 먼저 개입하기 때문에 그 과정이 원활하게 진행되지 못합니다. 『30초 영어 말하기』에서 『3분 영어 말하기』까지 스피킹 매트릭스의 체계적인 훈련 과정을 거치고 나면 여러분은 모국어처럼 빠른 속도로 영어 문장을 완성하고 원하는 시간만큼 길고 유창하게 영어를 구사할 수 있게 됩니다.

▶ 스피킹 매트릭스 훈련과정

눈 모으기	눈뭉치 만들기	눈덩이 굴리기	눈사람 완성
영어에 대한 기본 감각 다지기	스피킹에 필요한 필수 표현 익히기	주제별 에피소드와 표현 확장하기	자기 생각을 반영하여 전달하기

▶ 스피킹 매트릭스 학습효과

	영어회화	OPIc	토익스피킹
30초 영어 말하기	왕초보 입문	준비단계	준비단계
1분 영어 말하기	초급	IM 2&3	5,6등급 가능
2분 영어 말하기	중급	IH	7등급 가능
3분 영어 말하기	고급	AL	8등급 가능

독자의 1초를 아껴주는 정성!

세상이 아무리 바쁘게 돌아가더라도
책까지 아무렇게나 빨리 만들 수는 없습니다.
인스턴트 식품 같은 책보다는
오래 익힌 술이나 장맛이 밴 책을 만들고 싶습니다.

길벗이지톡은 독자여러분이
우리를 믿는다고 할 때 가장 행복합니다.
나를 아껴주는 어학도서,
길벗이지톡의 책을 만나보십시오.

독자의 1초를 아껴주는

정성을 만나보십시오.

미리 책을 읽고 따라해본 2만 베타테스터 여러분과
무더기 체험단, 길벗스쿨 엄마 2% 기획단,
시나공 평가단, 토익 배틀, 대학생 기자단까지!
믿을 수 있는 책을 함께 만들어주신 독자 여러분께 감사드립니다.

홈페이지의 '독자마당'에 오시면
책을 함께 만들 수 있습니다.

(주)도서출판 길벗 www.gilbut.co.kr
길벗 스쿨 www.gilbutschool.co.kr

mp3 파일 다운로드 안내

홈페이지 (www.gilbut.co.kr) 회원(무료 가입)이 되시면 오디오 파일을 비롯하여 다양한 자료를 이용하실 수 있습니다.

1단계 로그인 후 | 도서명 ▼ | | 검색 | 에 찾고자 하는 책이름을 입력하세요.

2단계 검색한 도서에 대한 자료를 다운로드 받으세요.

30초

초

영어 말하기
스피킹 매트릭스

황서윤 지음

길벗
이지:톡

국내 1위 영어 스피킹 훈련 프로그램
스피킹 매트릭스: 30초 영어 말하기
Speaking Matrix: 30-Second Speaking

초판 1쇄 발행 · 2020년 7월 20일
초판 3쇄 발행 · 2023년 7월 30일

지은이 · 황서윤 | **기획/감수** · 김태윤
발행인 · 이종원
발행처 · (주)도서출판 길벗
브랜드 · 길벗이지톡
출판사 등록일 · 1990년 12월 24일
주소 · 서울시 마포구 월드컵로 10길 56(서교동)
대표 전화 · 02)332-0931 | **팩스** · 02)323-0586
홈페이지 · www.gilbut.co.kr | **이메일** · eztok@gilbut.co.kr

기획 및 책임편집 · 임명진(jinny4u@gilbut.co.kr), 김대훈 | **디자인** · 황애라 | **제작** · 이준호, 손일순, 이진혁
마케팅 · 이수미, 장봉석, 최소영 | **영업관리** · 김명자, 심선숙 | **독자지원** · 윤정아, 최희창

편집진행 및 교정교열 · 강윤혜 | **전산편집** · 조영라 | **일러스트** · 김나나, 정의정
오디오녹음 · 와이알미디어 | **CTP 출력 및 인쇄** · 예림인쇄 | **제본** · 예림바인딩

ISBN 979-11-6521-140-0 04740 (길벗도서번호 301066)
ⓒ 황서윤, 2020

정가 11,500원

독자의 1초까지 아껴주는 정성 길벗출판사
(주)도서출판 길벗 IT교육서, IT단행본, 경제경영서, 어학&실용서, 인문교양서, 자녀교육서
www.gilbut.co.kr
길벗스쿨 국어학습, 수학학습, 어린이교양, 주니어 어학학습, 학습단행본
www.gilbutschool.co.kr

'국내 1위 영어 스피킹 훈련 프로그램'

스피킹 매트릭스가 출간된 지 어느덧 6년이라는
시간이 지나 20만 독자 여러분들과 만났습니다.
그동안 독자분들이 보내주신, 그리고 지금도 계속되는
소중한 도서 리뷰와 문의 및 요청의 글들을 보면서
저자로서 너무도 영광스러웠고 보답하고 싶다는 열망이 생겼습니다.

'영어를 모국어처럼 빠르게 말할 수 없을까?'

우리가 영어를 말할 때 그토록 고생스러웠던 것은
바로 '문장강박'이 있기 때문입니다.
한 단어 한 단어, 덩어리 덩어리 끊어 말해 보세요.
하나의 문장을 기본 단위로 생각하니까 어렵지
짧게 끊기 시작하면 이처럼 쉽고 편한 것이 없습니다.
끊어서 말하면 더 짧게 짧게 생각해도 됩니다.
그래서 스피킹이 원활해지기 시작하고, 그래서 재미있고,
그래서 더 빠르게 영어를 말할 수 있습니다.

굳이 '빨리 말해야지!'라는 각오는 하지 마세요.
오히려 반대로 느긋하게 여유를 부리세요.
그러면, 속도는 선물처럼 결과물로 드러나게 되어 있습니다.
제가 지난 10년간 숱하게 보아왔던 그 자유롭고 즐거운
영어 말하기의 시간을 이제 여러분께 선사합니다.

스피킹 매트릭스 프로그램 개발자
김태윤

누구나 30초는 영어로 말할 수 있습니다!

영어로 말하고 싶은데 기초가 부족하다고요?
그럼 부족한 기초를 어떻게 채울 수 있을까요?

질문을 조금 바꿔보겠습니다. 여러분이 채워야 할 영어의 기초란 무엇일까요? 문법인가요? 아니오. 문법은 영어 공부의 중심이 아닙니다. 영어를 공부하려면 문법부터 해야 한다고 생각했던 분들이 계실 텐데 절대 그렇지 않습니다. 문법은 언어의 규칙일 뿐 영어라는 언어의 본질이 아닙니다.

영어의 본질은 학문이 아니라 "언어"입니다.
어린아이가 처음 말을 배울 때를 떠올려 보세요.

여러분이 처음 우리말을 배웠을 때를 기억하시나요? 가장 가까이에 있는 사람들의 말을 반복해서 듣고, 물건과 상황을 직접 보고 겪으면서 자연스레 말을 익히게 됩니다. 영어를 배울 때도 마찬가지입니다. 가능한 글자를 보지 않고 이미지를 보거나 떠올리면서 소리를 듣는 것을 중심으로 공부해야 합니다. 이 책에서는 문법 용어가 아니라 영어의 본질에 집중합니다. 우리말을 처음 배웠을 때처럼 글자보다는 소리와 이미지로 자연스럽게 인지하고 말하게 됩니다.

**아침에 일어나서 잠들기까지
영어로 의사소통하기 위해 알아야 할 기초!**

이 책은 아침에 일어나서 잠들기까지 우리가 일상에서 가장 자주 접하게 되는 상황들에 영어의 기초를 녹여내고 있습니다. 여기서 기초라 함은 영어 문장을 이루는 '최소한의 규칙'과 영어로 소통하기 위해 알아야 할 '최소한의 표현'을 말합니다. 우리말도 그렇듯 일상의 기본적인 의사소통에 필요한 표현은 그리 많지 않습니다. 이 책에서 다루고 있는 핵심동사와 표현들만 확실히 본인의 것으로 만들어도 영어가 한결 쉽고 재미있게 느껴질 것입니다.

누구나 30초는 영어로 말할 수 있습니다!

거짓말 같다고요? 이 책을 통해 영어의 기본 개념과 어순, 표현을 이미지와 소리에 집중하면서 반복해서 듣고 따라 해보세요. 어느새 우리말처럼 자연스럽고 편안하게 영어로 말하고 있는 자신의 모습을 발견하게 될 것입니다.

여러분의 영어 스피킹 성공을 온 마음으로 응원합니다!

황서윤

한국인이 영어를 말할 때 머릿속에서 일어나는 사고의 진행 과정을 한 장의 그림으로 응축해낸 것이 스피킹 매트릭스(Speaking Matrix)입니다. 이 책의 모든 콘텐츠와 훈련법은 스피킹 매트릭스를 기반으로 각각의 프로세스를 원활히 하는 데 초점을 맞춰 제작되었습니다.

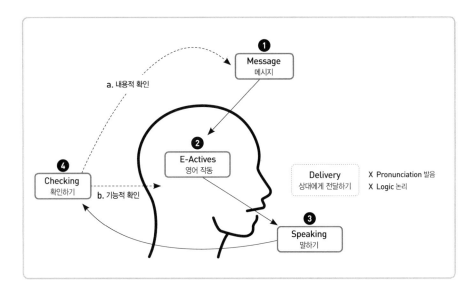

지금부터 스피킹 매트릭스의 각 단계가 어떤 식으로 흘러가는지, 단계마다 어떤 식으로 훈련하는 것이 효과적인지 차근차근 설명해 드리겠습니다.

말하기의 가장 기본적인 전제는 어떤 할 말이 떠오른다는 것인데, 바로 이 할 말이

Message에 해당합니다. 말하고자 하는 '의도'라고 할 수 있습니다. 이 '의도'가 자연스 럽게 올라오도록 기다려 주는 것, 이 '의도'가 올라오고 나서 그다음 과정을 진행하는 것 이 매우 중요합니다. 이는 자연 질서 그대로의 말하기이며, 끊어 말하기로 가능해집니다. 한 단어 한 단어, 또는 표현 덩어리 덩어리 끊어 말하기는 스피킹의 가장 중요한 습 관입니다. 그리고 여러분이 '문장강박'에서 벗어나 자유롭고 편한 영어 스피킹으로 가는 유일한 길이기도 하고요.

Message는 상황에 따라 좀 달라집니다. 때로는 아주 큰 이야기 덩어리일 수도 있고, 때로는 한 단어 수준으로 하나의 개념이 되기도 합니다. 이를 한 번에 말하면 '의도'라 고 할 수 있습니다. 자기가 하고자 하는 말의 의도가 생기는 것이죠. 그 의도 자체를 Message라고 보셔도 좋습니다. 영어를 처음 할 때는 우리 머릿속에서 일단 모국어, 즉 한국어가 무의식적으로 진행되기 때문에 이 Message 자리에 한국어가 와서 기다리고 있는 경우가 대부분일 것입니다. 그래서, 영어 말하기가 숙달되지 않은 상태에서는 이 Message 부분이 거의 한국어 단어 또는 표현, 또는 문장이 되는 것은 자연스러운 일입 니다. 하지만, 점점 시간이 지날수록, 즉 영어 말하기를 자꾸 진행해 숙달될수록 원래의 기능, 즉 '의도'가 더 강력한 작동을 하게 됩니다.

한 가지 신경 쓸 것은, 처음부터 긴 내용의 Message를 처리하는 것은 힘들어서 떠오르 는 내용을 아주 짧게 만드는 것이 유리하다는 점입니다. 처음에는 떠오르는 것을 한 단 어로 아주 짧게 만드세요. 단어로 짧게 영어로 말하는 것은 그래도 할 만한 일입니다. 그러다 좀 익숙해지면 약간 큰 덩어리(chunk)도 진행이 됩니다. 의미 덩어리는 점점 더 커져서 어느덧 긴 이야기도 할 수 있게 됩니다. 그러니 처음엔 한 단어씩 짧게 만들어주 는 것이 당연하고 매우 수월하며 누구나 할 만한 작업이 되는 것이죠. 단어-단어, 덩어 리-덩어리 끊어서 말하는 것은 첫 과정부터 수월하게 만들어 줍니다.

E-Actives
영어 작동 메시지를 표현할 영어를 떠올린다

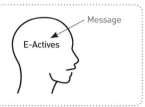

하고자 하는 말, Message에 해당하는 영어를 떠올리는 작업입니다. 처음엔 당연히 그 해당하는 단어나 표현을 찾는 데에 시간이 걸리겠죠? 영어 말하기를 할 때, 어떤 단어가 당장 떠오르지 않으면 너무 당황하고, 무슨 죄지은 사람처럼 긴장하고 눈치를 보게 되는데, 이 모두가 다 강박일 뿐입니다. 처음엔 하나하나의 단어를 찾는 데 시간이 걸린다는 것을 아주 당연하게 여겨야 합니다. 단어를 찾는 시간, 즉 아무 말을 하지 않는 시간을 아주 여유롭게 생각할 필요가 있습니다. 당연히, 점점 시간이 지날수록 시간이 짧게 걸립니다. 점점 원활해지는 것이죠. 아주 원활해져서 거의 자동적으로 떠오르는 영어 단어나 표현을 E-Actives라 합니다. * 여기서 E는 English(영어)입니다.

영어 말하기에 능숙한 사람은 E-Actives가 작동합니다. 즉 우리말보다 영어가 앞서 떠오르는 것이죠. 우리말 개입이 거의 일어나지 않고, 때로는 영어가 우리말에 영향을 주기도 합니다. 영어 표현에 숙달됐을 뿐 아니라 표현 방식도 영어식으로 발달해 있는 상황이죠.

한 가지 주의할 점은, 아무리 머릿속에 영어로 된 표현이 금방 떠올랐다고 하더라도, 이를 그대로 읽듯이 한 번에 죽 내뱉는 습관을 지양해야 한다는 것입니다. 한 덩이로 후루룩 말해버리게 되면 소리가 뭉쳐서 자칫 상대방이 못 알아들을 수 있습니다. 한국인에게는 발음보다 중요한 것이 '끊어 말하기'입니다. 머릿속에 영어가 덩어리로 떠올랐다고 하더라도 말을 할 때는 한 단어씩 천천히 의미를 두고 말하는 습관을 들여야 합니다. 그래야 같은 표현이라도 더 의미 있게 전달할 수 있고, 상대방도 더 잘 알아듣게 됩니다. E-Actives가 먼저 떠올랐다고 하더라도, 한 단어 한 단어 끊어 말하는 것은 여전히 중요합니다.

❸ Speaking
말하기

말을 한다

이런 진행 과정을 거쳐 구성된 말을 내뱉는 단계입니다. 이때 발음(pronunciation)과 논리(logic)는 상대방에게 내용을 전달(delivery)할 때 그 효과를 배가시켜 줍니다. 아무래도 발음이 정확하고 말이 논리적이면 내용 전달에 더 효과적이겠지요. 하지만 발음의 경우, 다소 부정확하더라도 말하는 내용의 전체 맥락에서 어느 정도 이해할 수 있으므로 의사소통에는 사실상 큰 문제가 되지 않습니다. 그러나 논리의 경우는 다릅니다. 여기서 말하는 논리란 말의 흐름이 자연스럽고 상황을 구체적으로 표현해서 상대방이 뚜렷하게 이미지를 떠올릴 수 있는 정도를 말합니다. 전달하고자 하는 말이 두서가 없거나 앞뒤 흐름이 이어지지 않거나 근거가 부족한 경우라면 상대방이 이해하기가 힘들겠지요.

특히, 떠오른 단어나 표현을 말하고 난 다음에는 반드시 '끝나는 감각'을 가져야 합니다. '이 말을 하고 나는 일단 끝난다'는 감각을 갖는 것은 모든 영어 말하기 프로세스에 있어서 가장 핵심입니다. 이것이 스피킹보다 리딩 중심의 언어 활동, 즉 말하기도 입보다 눈으로 더 많이 접해서 생긴 한국인의 '문장강박'에서 벗어나는 길입니다. 또한, 원래 영어 말하기의 자연 질서로 원위치시키는 길이기도 합니다. 일단 말을 끝내놓고, 다음 할 말은 천천히 생각하겠다는 여유를 가지세요. 자신을 믿고 자신의 뇌를 믿고 기다리면, 나머지 과정은 알아서 진행됩니다. 지극히 자연스럽고 편안한 형태로 말이죠.

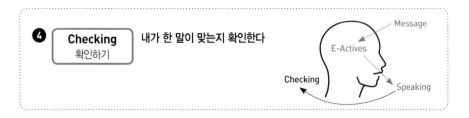

④ Checking 확인하기 | 내가 한 말이 맞는지 확인한다

말을 하고 난 다음에는 방금 한 말이 자기가 원래 하려던 말인지 확인하는(checking) 과정이 진행됩니다. 이는 본능적으로 일어나는 과정이므로 말하는 사람이 미처 인지하지 못할 수도 있습니다. 하지만, 머릿속에서 아예 영작을 다 하고 난 다음 이를 읽는 식의 복잡한 프로세스를 가진 상태에서는 이 당연하고 본능적인 과정이 생략되어 버립니다. 자기 말을 듣지 않고 정신없이 계속 진행하게 되는 것이죠. 리딩 중심의 언어 활동, 즉 리딩하듯 스피킹을 하는 것은 이렇게 힘들고 복잡하고 말도 안 되는 상황으로 이어지는 폐단이 있습니다. 스피킹이 원활하게 진행되지 못하는 것은 당연한 결과입니다. 이 모든 어려움과 폐단을 해결하는 방법은 바로 '일단 자기가 한 말을 듣는 것'입니다. 당연히 한 문장을 후루룩 내뱉지 말아야 합니다. 한 단어, 또는 하나의 의미 덩어리(청크) 정도만 말하고 끝내놓은 다음, 자기가 한 말을 들어야 '문장강박'에서 벗어난 편하고 쉬운 영어 말하기 프로세스가 진행됩니다.

여기서 확인(checking)은 내용적인 확인과 기능적인 확인으로 나뉩니다.

4a. 내용적인 확인 | 말할 내용을 제대로 전달했는지 확인한다

내용적인 확인은 거의 본능적으로 순식간에 이루어지기 때문에 대부분 의식하지 못하지만, 스피킹에서 매우 중요한 단계입니다. 말하는 도중 딴생각을 하거나 주의가 다른 데 가 있으면 자신이 의도했던 말과 다른 말을 해도 눈치채지 못하는 상황이 벌어지게 됩니다. 그런 경험 한두 번쯤은 있을 텐데요. 내용적인 확인이 제대로 진행되지 않았을 때 일어나는 상황입니다.

4b. 기능적인 확인 | 문법, 표현, 어휘가 정확했는지 확인한다

오류 검토 작업이 이루어지기도 하고, 더 나은 표현이 떠오르기도 하는 등 다양한 상황이 벌어집니다. 그리고 오류를 알아차리는 순간 말을 반복하거나 정정하거나 다른 표현을 말하기도 합니다. 이 단계에서 잘 조정하면 말하기 흐름을 바로 원활하게 고쳐나갈 수 있습니다.

스피킹이 능숙한 사람은 내용적인 확인과 기능적인 확인이 동시에 진행됩니다. 반대로 스피킹이 익숙하지 않은 사람은 이 과정이 동시에 진행될 때 머리에 쥐가 나고 말문이 막히게 됩니다. 오류에 신경 쓰면 다음 말이 떠오르지 않고, 내용에 신경 쓰면 오류가 나는 것이죠. 하지만 걱정할 필요는 없습니다. 이는 여러분이 유창한 스피킹으로 가기 위해 거쳐야 하는 당연한 과정이니까요.

이렇게 확인 작업이 끝나면 다음에 할 말, 다음 의도, 즉 다음 Message가 떠오릅니다. 그리고 위의 과정이 반복해서 진행됩니다. 이 과정이 계속 원활하게 진행되는 것, 이것이 바로 자연 질서의 영어 말하기가 진행되는 과정, Speaking Matrix입니다.

기존 〈스피킹 매트릭스 시리즈〉는 짧은 표현을 덩어리로 익히는 『1분 영어 말하기』부터 다양한 에피소드를 채워 대화를 풍부하게 하는 『2분 영어 말하기』, 그리고 자신의 의견을 구체적인 근거를 들어가며 설득력 있게 전달하는 『3분 영어 말하기』까지 여러분의 영어 실력을 과학적 · 체계적으로 확장해 주는 3단계 훈련 과정으로 이루어져 있습니다.

그런데 이러한 모든 과정의 전제 조건은 '학습자가 영어의 기본기가 다져진 초급 이상의 수준'이어야 한다는 것입니다. 그러다 보니 영어 입문자나 초보자들에게 필요한 기초 부분이 부족했던 것이 사실입니다. 이 결핍을 채우기 위해 추가한 과정이 입문자를 위한 영어 스피킹 기초 다지기 과정인 『30초 영어 말하기』입니다. 초급자들이 영어라는 언어의 기본 감각을 이해하고 영어의 문장이 이루어지는 규칙을 익히기 위해 꼭 거쳐야 하는 중요한 훈련 과정입니다.

눈 모으기 : 영어에 대한 기본 감각을 깨우는 단계

영어 스피킹을 완성하는 과정을 눈사람 만들기에 비유할 수 있습니다. 눈사람을 만들려면 우선 눈을 끌어모아서 눈뭉치를 만들어야 합니다. 『1분 영어 말하기』가 단단한 눈뭉치를 만드는 과정이라면 『30초 영어 말하기』는 눈뭉치를 만들기 위해 눈을 모으는 과정이라고 할 수 있습니다. 눈송이는 작습니다. 그러나 작은 눈송이 하나하나가 모여야 비로소 한 덩이의 눈뭉치가 만들어집니다.

『30초 영어 말하기』에서 다루는 영어 규칙과 표현도 매우 간단하고 기초적인 내용이어서 자칫 '이 정도쯤이야' 하고 간과해 버릴 수 있습니다. 하지만 영어라는 언어에 대한 개념이 잡혀 있지 않은 상태에서는 아무리 많은 표현을 채우더라도 제대로 활용할 수 없습니다. 1분, 2분, 3분 영어로 내 생각을 제대로 펼쳐가기 위한 단단한 초석, 이것이 바로 『30초 영어 말하기』에서 이루어져야 합니다

1분 영어 말하기
눈뭉치 만들기: 스피킹에 필요한 기본 표현을 익히는 단계

눈사람을 빨리 만들고 싶다고 해서 한 번에 커다란 눈 덩어리를 만들 수는 없습니다. 아무리 큰 눈사람도 작은 눈뭉치를 두 손으로 단단하게 다지는 과정부터 시작합니다. 처음에 시작하는 눈뭉치를 단단하고 알차게 만들어야만 눈뭉치를 굴려서 원하는 크기의 눈사람을 만들 수 있습니다.

눈사람을 완성하기 위한 단단하고 알찬 눈뭉치가 『1분 영어 말하기』의 필수 표현입니다. 우리가 일상생활에서 자주 사용하고 어떤 주제에 대해 말하더라도 공통적으로 등장하는 표현들이지요. 가장 우선적으로 많이 익혀야 하고, 일단 익히고 나면 유용하게 쓸 수 있습니다. 아는 만큼 말할 수 있습니다.

2분 영어 말하기
눈덩이 굴리기: 주제별 표현과 에피소드를 확장하는 단계

영어 말하기를 상황이나 기능별로 분류하여 익히는 접근법에는 한계가 있습니다. 실제 우리가 영어로 말할 때 회화책에 나오는 대화 상황과 100% 일치하는 경우는 거의 없습니다. 영어의 기본 틀인 문법을 익히고 다양한 패턴을 외우는 것도 어느 정도는 도움이 되겠지만, 이런 것들만으로 다양한 주제에 대한 이야깃거리를 만들어내는 것은 어렵겠죠.

그래서 스피킹의 확장에서 결정적인 한계에 부딪히게 됩니다. 이런 접근법들이 갖고 있는 한계를 극복하는 가장 빠르고 확실한 지름길이 바로 에피소드 정복입니다. 『2분 영어 말하기』에는 우리가 일상에서 경험할 수 있는 다양한 주제와 관련된 에피소드들이 등장합니다. 여기에 나오는 에피소드만 제대로 입에 붙여 놓아도 여러분의 스피킹은 지금보다 훨씬 다채롭고 풍성해질 것입니다.

3분 영어 말하기

눈사람 머리 완성: 자신의 생각을 반영하여 전달할 수 있는 단계

눈사람 몸통을 아무리 잘 만들었어도 머리를 올리지 않으면 눈사람이라고 할 수 없습니다. 이건 말하기에서도 마찬가지입니다. 스피킹을 확장하다 보면 결국 자신의 생각이 반영되어야 하는 시점이 옵니다. 아무리 표현을 많이 알고 상황을 설명할 수 있다고 해도, 어떤 주제나 문제에 대해 자신의 생각을 말할 수 없다면 스피킹이 제대로 완성된 게 아닙니다.

실제로 스피킹 훈련을 하다 보면, 어떤 말을 해야 할지 몰라 말을 잇지 못하는 상황이 종종 있습니다. 영어를 제대로 말하려면 표현을 익히고 에피소드를 채우는 데서 더 나아가 사고(思考)가 늘어야 합니다. 그렇지 않으면 알고 있는 어휘와 표현들을 제대로 활용할 수 없습니다. 그래서 영어를 어느 정도 할 수 있게 되면 반드시 자신의 의견을 말하는 훈련이 필요합니다. 이때『1분 영어 말하기』에서 익힌 기본 표현을 활용하고, 자신의 의견을 뒷받침할 구체적인 예를『2분 영어 말하기』의 다양한 에피소드에서 찾아 응용해 말하면 되는 겁니다.

: 스피킹 매트릭스 3단계 훈련의 효과 :

	영어회화	OPIc	토익스피킹
30초 영어 말하기	왕초보 입문	준비 단계	준비 단계
1분 영어 말하기	초급 이상	IM 2&3	5, 6등급 가능
2분 영어 말하기	중급	IH	7등급 가능
3분 영어 말하기	고급	AL	8등급 가능

{ INPUT & OUTPUT }

스피킹 매트릭스의 모든 훈련 과정은 스피킹에 필요한 기초 표현 및 에피소드를 채우는 훈련인 INPUT과 이를 응용해 실제로 말하는 연습을 하는 OUTPUT의 두 가지 과정으로 이뤄집니다.

INPUT ▶ 스피킹을 위한 기본기 다지기 → 실제 훈련 과정 반영

스피킹 교재는 내용도 중요하지만, 무엇보다 이 내용들을 실제 입으로 익힐 수 있는 훈련 구조가 가장 중요합니다. 스피킹 매트릭스에 나오는 훈련 구조는 모두 저자가 학생들과 실제로 훈련하는 과정을 그대로 담은 것입니다. 훈련 과정 하나하나가 중요한 의도와 효과를 가지고 있으므로 그대로 따라 하면 표현과 에피소드가 자연스럽게 외워지는 동시에 스피킹 실력이 향상됨을 느낄 수 있을 겁니다. 크게 소리 내어 훈련하기 어렵다면 마음속으로라도 따라 하면서 훈련하세요. 스피킹 실력이 확실하게 향상되고 있음을 깨닫게 될 것입니다.

『30초 영어 말하기』에서는 영어 문장을 만들기 위해 알아야 할 최소한의 규칙과 일상생활에서 의사소통을 위해 알아야 할 최소한의 표현을 익힙니다. 영어 초보자나 입문자는 이 과정에서 기본기가 탄탄하게 다져져야 그 다음 단계로 나아갈 수 있습니다.

OUTPUT ▶ 섞어 말하기 → 강력한 반복 구조로 효과 up!

『30초 영어 말하기』에서는 INPUT에서 배운 규칙과 표현을 활용하여, 『1분 영어 말하기』에서는 보다 다양한 표현들을 서로 연결하고 섞어 문장을 길게 만드는 훈련을 합니다. 『2분 영어 말하기』에서는 주제별로 익힌 에피소드를 이리저리 섞어서 실제 스피킹 상황처럼 훈련합니다. INPUT에서 배운 내용들을 효과적으로 반복할 수 있는 더없이 좋은 응용 훈련이 바로 섞어 말하기(MIX)입니다.

스피킹 매트릭스는 서로 유기적으로 반복 확장되는 구조입니다. 우선 『30초 영어 말하기』에 나온 표현과 문장이 『1분 영어 말하기』에 반복되고 응용 확장됩니다. 그리고 『1분 영어 말하기』에 나온 기본 표현이 다시 『2분 영어 말하기』(에피소드)와 『3분 영어 말하기』(에피소드 + 의견)에 등장하는데 특정 상황에 필요한 어휘와 표현을 조금씩 덧붙여 나갑니다.

똑같은 표현이지만 상황과 디테일이 더해지면서 서로 유기적으로 연결되고 결국 스피킹 실전에 대비할 실력이 차곡차곡 쌓여가지요. 이는 단순 암기와 비교가 되지 않는 강력한 효과로 이어집니다. 그래서 『3분 영어 말하기』의 OUTPUT은 최종적인 종합 훈련의 장이 됩니다.

{ 이 책은 30초 영어 말하기를 위해 알아야 할 영어의 규칙과 핵심 표현을 채우는 INPUT과 이를 활용해서 실제로 말하는 연습을 하는 OUTPUT, 이렇게 2단계의 훈련 과정으로 구성되어 있습니다. }

채워라! 아는 만큼 말할 수 있다!

30초 영어 말하기 INPUT

스피킹을 위한 기본기를 준비하는 INPUT은 총 20일 과정(기초 쌓기 10일, 핵심 표현 10일)입니다. 5일의 학습이 끝날 때마다 배운 내용을 확인하는 중간점검이 있습니다.

1분 핵심 정리 : 영어를 글자보다 먼저 이미지와 개념으로 받아들이는 과정입니다.

STEP 1 글자보다 이미지를 먼저 기억하세요.

영어로 말할 때 머릿속에서 글자보다 먼저 이미지와 개념이 떠올라야 합니다. MP3를 들으면서 이미지에 집중하세요.

STEP 2 영어와 우리말 뜻을 보세요.

영어의 규칙(기초 쌓기)과 표현의 개념(핵심 표현)이 어느 정도 잡히고 나면 영어와 우리말 뜻을 확인해도 좋습니다.

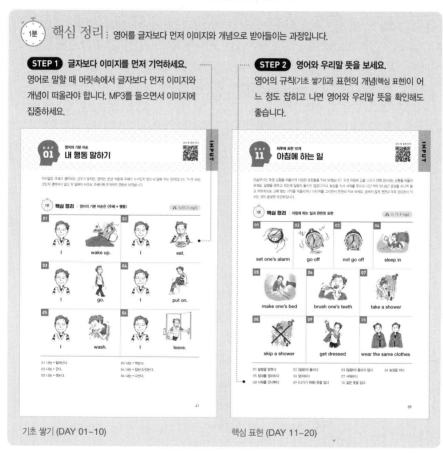

기초 쌓기 (DAY 01~10)   핵심 표현 (DAY 11~20)

혼자 공부하기 외로운 분들을 위한

저자 음성 강의

경력 10년의 영어 스피킹 전문 강사가 스피킹 훈련 시 유의해야 할 사항들을 하나하나 짚어 줍니다.

3분 집중 훈련 : 영어의 규칙과 표현을 본격적으로 익히는 4단계 집중 훈련 과정입니다.

STEP 1 이미지 연상하기 👁
그림을 보며 말할 표현을 머릿속에 떠올립니다.

STEP 2 하나하나 끊어서 듣기 👂
영어식 어순에 맞게 배열된 우리말을 보면서 해당하는 영어 표현을 들어보세요.

STEP 3 듣고 따라 말하기 👄
MP3를 듣고 따라 합니다. 끊어 말하기(2회)와 자연스럽게 이어 말하기(1회) 훈련을 통해 문장들을 입에 붙여 봅니다.

STEP 4 영어로 말하기 👄
이제 우리말을 보면서 영어로 바꿔 말해 봅니다.

 2분 응용 말하기

표현을 응용 및 확장하면서 확실히 내 것으로 만드세요.

중간점검

5일 학습이 끝나면 표현을 잘 익혔는지 다시 점검하세요.

{ INPUT 정답과 주요 표현 정리 }

INPUT 파트에 나온 응용 말하기와 중간점검의 정답, 그리고 중요한 표현들을 해설과 함께 정리했습니다.

30-sec

이 책에 나오는 모든 예문들은 MP3파일과 QR코드를 통해 확인할 수 있습니다.

콕 찍기만 해도, 그냥 듣기만 해도 자동으로 외워지는
스피킹 훈련용 MP3파일

말하라! 이제 당신은 네이티브처럼 말하게 된다!

30초 영어 말하기 **OUTPUT**

INPUT에서 익힌 규칙과 표현을 활용하여 30초 동안 영어로 말하는 훈련을 합니다. 처음에는 한 문장씩 말하는 연습을 하다가 적응이 되면 연결해서 말해 봅니다.

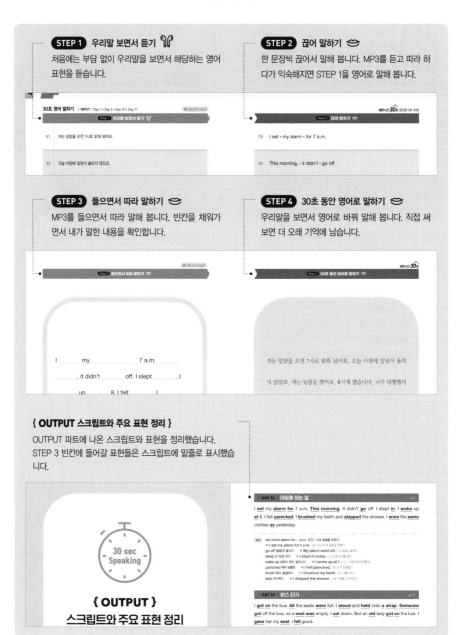

STEP 1 우리말 보면서 듣기

처음에는 부담 없이 우리말을 보면서 해당하는 영어 표현을 듣습니다.

STEP 2 끊어 말하기

한 문장씩 끊어서 말해 봅니다. MP3를 듣고 따라 하다가 익숙해지면 STEP 1을 영어로 말해 봅니다.

STEP 3 들으면서 따라 말하기

MP3를 들으면서 따라 말해 봅니다. 빈칸을 채워가면서 내가 말한 내용을 확인합니다.

STEP 4 30초 동안 영어로 말하기

우리말을 보면서 영어로 바꿔 말해 봅니다. 직접 써 보면 더 오래 기억에 남습니다.

{ OUTPUT 스크립트와 주요 표현 정리 }

OUTPUT 파트에 나온 스크립트와 표현을 정리했습니다. STEP 3 빈칸에 들어갈 표현들은 스크립트에 밑줄로 표시했습니다.

MP3파일 다운로드 및 활용법

이 책은 MP3파일과 함께 활용해야 보다 강력하고 빠른 학습 효과를 얻을 수 있습니다. 이 책에는 저자 직강 음성 강의와 원어민 성우가 녹음한 훈련용 MP3파일이 제공됩니다.

❶ QR코드로 확인하기

스마트폰의 QR코드 스캔 어플로 각 Day 시작 부분의 QR코드를 스캔하세요. 음성 자료를 바로 들을 수 있습니다.

❷ 홈페이지에서 다운로드 받기

길벗 홈페이지(www.gilbut.co.kr)에서 도서명(30초)을 검색하세요. 도서정보 내 '자료실'에서 MP3 듣기와 또는 다운로드가 가능합니다.

MP3파일 200% 활용법 🖉

강의 듣기 저자 음성 강의 (파일명: L01.mp3 ~ L30.mp3)
먼저 스피킹 전문 강사의 음성 강의를 들으며 내용을 정리하세요.

개념 잡기 INPUT 1분 핵심 정리 (파일명: In 01-1.mp3 ~ In 20-1.mp3)
가능하면 글자를 보지 않고 이미지와 소리에 집중합니다.

본격 훈련 INPUT 3분 집중 훈련 (파일명: In 01-2.mp3 ~ In 20-2.mp3)
같은 표현이 총 6회 반복됩니다. 보고 듣고 따라 하면서 표현을 내 것으로 만드세요.

확인 학습 INPUT 2분 응용 말하기 (파일명: In 01-3.mp3 ~ In 20-3.mp3)
각 표현이 1초 안에 자연스럽게 입에서 영어로 나온다면 오늘의 훈련 완성!

최종 점검 OUTPUT 30초 영어 말하기 (파일명: Out 21-1/2.mp3 ~ Out 30-1/2.mp3)
30초 동안 영어로 막힘 없이 말할 수 있을 때까지 반복해서 훈련해 주세요.

차례 ː Contents

SPEAKING MATRIX

OUTPUT

30초 영어 말하기
SPEAKING MATRIX

우리는 영어를 잘하고 싶어 합니다. 네이티브처럼 막힘없이 길고 유창하게 말이죠. 어떤 상황에서 어떤 화제가 주어져도 쫄지 않고 영어로 말하는 내 모습은 상상만 해도 멋집니다. 하지만 현실은… 입도 떼기 어렵죠?

걱정 마세요. 이 책의 제목이 바로 『30초 영어 말하기』입니다. 흔히 스피킹은 영어를 잘하는 사람들만 도전할 수 있다고 생각합니다. 그러나 이 책의 '30일 기초 훈련 과정'을 거치고 나면 누구나 정확하고 빠르게 30초 이상 영어로 자신의 생각을 말할 수 있는 자신감과 실력을 얻을 수 있게 됩니다.

이 책의 모든 훈련 과정은 영어 강의 10년 경력의 스피킹 전문가가 한국인의 스피킹 메커니즘에 맞춰 개발하여 대학생, 국내외 기업 직장인들에게 그 효과를 검증 받은 '스피킹 매트릭스 프로그램'에 기초하여 만들어졌습니다.

어린아이가 처음 말을 배울 때처럼 이미지와 소리를 중심으로 학습하며, 아침에 일어나서 잠들기 전까지 우리가 일상에서 가장 자주 접하게 되는 상황들을 말하는 훈련을 합니다. 그래서 단 30일의 훈련만으로도 1~2년 이상 학원에 다닌 것보다 더 확실한 영어 스피킹 실력 향상을 약속합니다.

그동안 영어 스피킹의 문턱이 높게만 느껴졌나요? 그렇다면 『스피킹 매트릭스: 30초 영어 말하기』로 가볍게 시작해 보세요!

경고

이 책은 진지합니다.

어쩌면 조금 힘들지도 모릅니다.

하지만 확실한 실력 향상을 약속합니다.

영어를 할 때 꼭 말하게 되는 표현들을

머릿속에 확실히 탑재시켜주고

문장을 섞어서 자유자재로 요리하게 하며

앞뒤로 붙여 길게 말할 수 있는

놀라운 능력을 갖게 해줍니다.

그래서 여러분은 단 1개월이면,

지금 아는 쉬운 표현들을 가지고

30초 동안 네이티브처럼

하고 싶은 말을 마음껏 할 수 있게 됩니다.

평소 기초가 약하다고 생각하시는 분들, 매번 작심삼일로 끝나는 분들도
절대 부작용 없이 사용하실 수 있습니다.

30초
- 영어 말하기 -
INTRO

잠깐!

영어의 기본 개념부터 잡아보자!

영어를 잘하고 싶다면 무엇보다 영어라는 언어의 기본 개념을 파악하는 것이 중요합니다. 지금부터 우리의 일상생활에서 많이 사용하는 6개 동사를 중심으로 영어의 기본 의미를 파악해 보겠습니다. 글자보다는 이미지와 소리에 집중해 주세요.

① WAKE UP

wake
깨다

up
위로

wake에는 '파도'라는 뜻이 있습니다. 고요한 바다에 갑자기 파도가 위로 솟구치는 모습을 머릿속에 떠올려 보세요. 그리고 밤의 정적을 깨고 아침에 기지개를 켜며 일어나는 모습을 상상해 봅시다. 이것이 바로 '잠에서 깨다 = wake up'입니다.

wake up
잠을 깨다, 일어나다

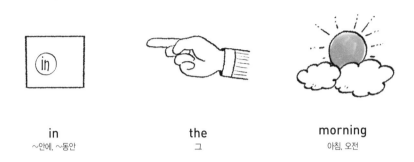

in
~안에, ~동안

the
그

morning
아침, 오전

우리는 '아침에, 오전 중에'라고 말하지만, 영어에서는 '~안에, ~동안'이라는 뜻의 in을 사용해 in the morning(아침 동안, 오전 안에)이라고 표현합니다.

in the morning
아침에, 오전 중에

wake up
일어난다

in the morning
아침에

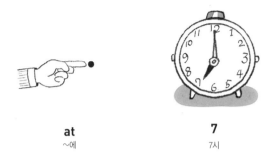

at
~에

7
7시

'7시에'처럼 구체적이고 정확한 시각을 말할 때는 숫자 앞에 at을 붙입니다. 그래서 '7시에'는 영어로 at seven입니다.

at 7
7시에

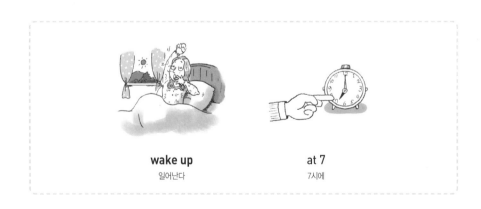

wake up
일어난다

at 7
7시에

② GO

두 번째 동사는 '가다'라는 뜻의 go입니다. go에는 다양한 사전적 정의가 있지만 가장 기본적인 개념은 '가다'입니다. 아침에 일어나면(wake up in the morning) 씻으러 화장실에 가지요. '화장실에 간다'를 영어로 어떻게 표현하면 될까요?

영어는 행동부터 말해 줍니다. 어디론가 갈 때는 '가다'라는 행동을 먼저 말한 후에 장소를 말합니다. 그래서 go(가다: 행동) to place(어느 장소로: 장소)라고 표현합니다. 여기서 '~(어디)로'는 to를 써줍니다.

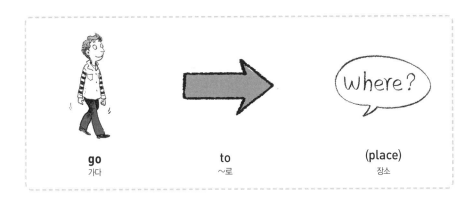

영어는 결론 중심의 언어입니다. '화장실로 간다'는 영어로 go to the bathroom이라고 표현합니다. 먼저 '간다(go)'는 결론부터 말한 다음에 '(어디로 가냐면) 화장실로'라는 세부적인 내용(나머지)으로 들어갑니다.

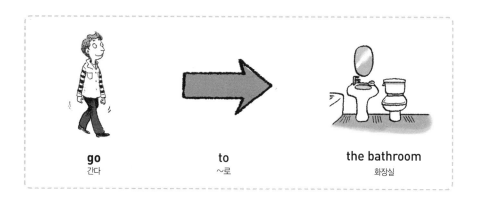

학교에 간다고 할 때도 마찬가지입니다. '가다(go) → (어디로 가냐면) 학교로'의 순서로 말합니다.

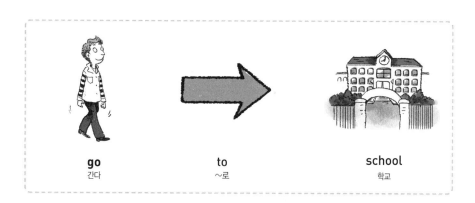

세 번째 동사는 '씻는다'는 뜻의 wash입니다. 아침에 일어나면 화장실에 가서 얼굴을 씻고 머리를 감지요? 이때 '씻다'라는 행동을 나타내는 동사가 바로 wash입니다.

wash
씻다

그럼 '얼굴을 씻는다'를 영어로 말해 볼게요. 영어는 행동·결론부터 말한 다음 나머지를 말한다고 했습니다. 그래서 '씻는다(행동·결론) → (무엇을 씻냐면) 나의 얼굴을(나머지)'의 순서입니다. 너의 얼굴도 그의 얼굴도 아닌 나의 얼굴을 씻는 것이므로 얼굴 앞에 '나의 = my'를 붙이는 감각도 함께 익혀 두세요.

| **wash** | **my** | **face** |
| 씻는다 | 나의 | 얼굴을 |

하나 더 연습해 볼까요? 이번에는 얼굴이 아니라 손을 씻어 봅시다. '손을 씻는다'는 영어로 이렇게 말할 수 있습니다. '씻는다(행동 · 결론) → (무엇을 씻냐면) 나의 손을(나머지)'.

wash
씻는다

my
나의

hands
손을

머리를 감는 것은 영어로 어떻게 말할 수 있을까요? 영어는 구체적으로 표현하는 언어입니다. 우리는 머리를 감는다고 말하지만 영어에서는 정확히 '머리카락을 감다'라고 말합니다. 이때 '감다'는 '씻다'는 뜻의 동사 wash를 쓰면 됩니다. '씻다 → (무엇을 씻는지구체적으로) 나의 머리카락을'의 어순이 됩니다. 역시 '나의(my) 머리카락'이라고 분명히 밝혀 줍니다.

wash
씻는다

my
나의

hair
머리카락을

④ EAT

자, 이제 좀 익숙해졌나요? 이번에는 '먹는다'는 뜻의 eat이 등장할 차례입니다.

eat
먹다

'사과를 먹는다'를 영어로 표현해 봅시다. 영어 어순으로 생각해 보면 '먹는다 → (무엇을 먹냐면) 사과를'입니다. 그럼 eat apple일까요? 영어에서는 개수를 셀 수 있다면 반드시 세어줘야 합니다. 사과는 셀 수 있습니다. 그래서 eat apple(먹는다-사과를)이 아니라 eat an apple(먹는다-사과 한 개를)이라고 표현합니다.

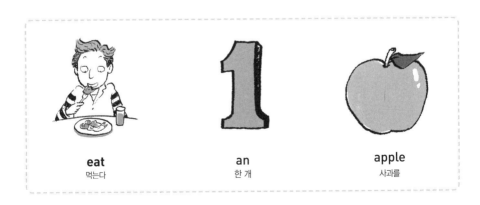

eat
먹는다

an
한 개

apple
사과를

이번에는 '아침식사를 먹는다'를 말해 봅시다. '먹는다'가 eat인 건 바로 앞에 나왔으니 알겠어요. 그런데 '아침식사'가 뭘까요? '아침식사'는 영어로 breakfast입니다. fast는 '빠른'이라는 뜻 외에도 '단식, 금식'이라는 의미가 있습니다. 밤에 잠자는 사이의 '금식 (fast)을 깨다(break)'는 의미로 '아침식사'는 breakfast라고 합니다. 영어 어순으로는 '먹는다 → (무엇을 먹냐면) 아침식사를'이니까 '아침식사를 먹는다'는 eat breakfast가 됩니다.

eat
먹는다

breakfast
아침식사를

아침식사를 마쳤으면 이제 옷을 입고 신발을 신고 나갈 준비를 해야겠지요. 다섯 번째 동사는 '입다, 신다'는 뜻의 put on입니다. 무언가를 어딘가에 놓거나 걸칠 때 put on 이라고 표현합니다. '놓다(put), 어딘가 위에(on)'라고 생각하면 됩니다. 옷을 입을 때는 물론이고 모자, 안경, 상의, 하의, 양말, 신발을 착용할 때 모두 해당합니다.

put on
입다, 신다, 걸치다

신발을 신을 때 내 발 위에 신발을 얹는 모양을 떠올려 보세요. 신발을 put on하는 것입니다. 신발 한 짝이 아닌 두 짝을 신는 것이므로 my shoe가 아니라 my shoes라고 해야 합니다.

put on
신는다

my
나의

shoes
신발을

6 LEAVE

끝으로 소개할 동사는 leave(나서다, 출발하다)입니다. 어떤 장소를 나서거나 떠날 때 leave를 씁니다. 중간을 조금 길게 끌어서 [리이-브]라고 발음하여 떠나서 아쉬운 감정을 살짝 실어주면 딱 알맞은 표현이 됩니다.

leave
나서다, 출발하다

'학교에 간다'는 go to school이라고 할 수도 있지만 leave를 써서 '학교로(학교를 향해) 나서다'라고 표현할 수도 있습니다. '가는' 동작보다 장소를 향해 '나서는' 동작에 더 중점을 두는 표현이지요. 이때 '나서다(leave)'는 '어떤 곳을 향하다, 그곳을 향해 나서다'라는 의미로 for를 함께 써줍니다. 나서는 행동을 먼저 얘기해야 하므로 어순은 다음과 같습니다. '나서다 → (어디로 나서냐면) 학교를 향해'라고 연습해 보세요.

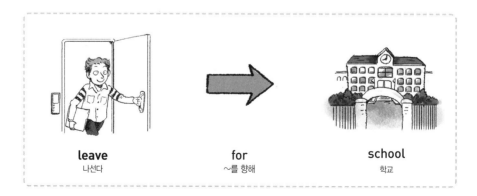

leave   **for**   **school**
나선다   ~를 향해   학교

어때요? 생각보다 어렵지 않죠?
그럼 지금부터 30초 영어 말하기를
위한 본격적인 훈련을 시작합니다.

30초
영어 말하기
INPUT

채워라!

아는 만큼 말할 수 있다!

여기에는 우리가 영어로 말하기 위해 반드시 알아야 할 기본 규칙과 표현이 정리되어 있습니다. 매우 간단하고 쉽기 때문에 '에이, 이 정도는 나도 알아!'라고 생각할 수도 있어요. 하지만 영어문장이 1초 안에 입에서 완성되지 않는다면 아직 여러분 머릿속에 영어의 규칙과 표현이 충분히 장착되지 않은 겁니다. 여기 나오는 내용은 1분, 2분, 3분 동안 영어로 말하기 위해 꼭 알아야 할 핵심이므로 단 하나도 놓치지 마세요. 딱 20일만 INPUT에 있는 규칙과 표현 훈련을 따라 해보세요. 영어 말하기의 신세계가 열릴 것을 약속합니다.

영어의 기본 어순

내 행동 말하기

강의 및 훈련 MP3

우리말은 주체가 생략되는 경우가 많지만, 영어는 문장 처음에 주체가 누구인지 반드시 말해주는 언어입니다. '누가' 하는 것인지 생략하지 말고 꼭 말해야 하므로 주체어에 주의하여 연습해 보겠습니다.

핵심 정리 : 영어의 기본 어순은 〈주체 + 행동〉

🎧 In 01-1.mp3

01		02	
I	wake up.	I	eat.
03		04	
I	go.	I	put on.
05		06	
I	wash.	I	leave.

01 나는 * 일어난다.
03 나는 * 간다.
05 나는 * 씻는다.

02 나는 * 먹는다.
04 나는 * 입는다/신는다.
06 나는 * 나선다.

Step 1 이미지 연상하기 👁	Step 2 하나하나 끊어서 듣기 🎧

01

나는 (주체)
일어난다 (행동)
　　7시에. (나머지)

02

나는
먹는다
　　사과 한 개를.

03

나는
간다
　　학교에.

04

나는
신는다
　　내 신발들을.

05

나는
씻는다
　　내 손들을.

06

나는
나선다
　　회사로.

I
wake up
at 7.

🖐️ 끊어 말하기 ☐ ☐
🖐️ 이어 말하기 ☐

🔊 나는 7시에 일어난다.

I
eat
an apple.

🔊 나는 사과를 먹는다.

I
go
to school.

🔊 나는 학교에 간다.

I
put on
my shoes.

🔊 나는 신발을 신는다.

I
wash
my hands.

🔊 나는 손을 씻는다.

I
leave
for work.

🔊 나는 회사로 나선다.

2분 **응용 말하기** : 이제 영어로 자신이 있게 말해 보세요.　　　　🎧 In 01-3.mp3

Step 1 **우리말 보면서 듣기** 👂	Step 2 **5초 안에 말해보기** 👄 (막힐 때는 써보세요.)
01 나는 일어난다.	🔊
02 나는 학교에 간다.	🔊
03 나는 손을 씻는다.	🔊
04 나는 사과를 먹는다.	🔊
05 나는 아침을 먹는다.	🔊
06 나는 7시에 일어난다.	🔊
07 나는 머리를 감는다.	🔊
08 나는 신발을 신는다.	🔊
09 나는 회사로 나선다.	🔊
10 나는 학교로 나선다.	🔊

▶ 정답은 p.155를 확인하세요.

3인칭 He/She/It
나 말고 걔

영어에서 주체가 He(그), She(그녀), It(그것)일 때는 동사 뒤에 -(e)s가 붙습니다. He/She/It의 이야기일 때는 행동 뒤에 [쓰/츠] 소리가 붙는다고 생각하세요. 언제 -s가 붙고 언제 -es가 붙는지는 신경 쓰지 말고, 발음할 때 끝에 붙는 [쓰/츠] 소리에만 집중해서 연습해 보세요.

 핵심 정리 : 주어가 He/She/It이면 동사 뒤에 -s/es[쓰/츠]   ♫ In 02-1.mp3

01	
She	wakes up.

02	
He	eats.

03	
She	goes.

04	
He	puts on.

05	
She	washes.

06	
He	leaves.

01 그녀는 * 일어난다.
03 그녀는 * 간다.
05 그녀는 * 씻는다.

02 그는 * 먹는다.
04 그는 * 입는다/신는다.
06 그는 * 나선다.

집중 훈련 : 보고 듣고 따라 하면서 표현을 내것으로 만드세요.

Step 1 이미지 연상하기 ◉	Step 2 하나하나 끊어서 듣기 🎧

01

그녀는 (주체)

일어난다 (행동)

7시에. (나머지)

02

그는

먹는다

사과 한 개를.

03

그녀는

간다

학교에.

04

그는

신는다

그의 신발들을.

05

그녀는

씻는다

그녀의 손들을.

06

그는

나선다

회사로.

Step 3 듣고 따라 말하기 👄	Step 4 영어로 말하기 👄

She
    ✌️ 끊어 말하기 ☐☐
    🖐️ 이어 말하기 ☐
  wakes up
      at 7.

🔊 그녀는 7시에 일어난다.

He
  eats
    an apple.

🔊 그는 사과를 먹는다.

She
  goes
    to school.

🔊 그녀는 학교에 간다.

He
  puts on
    his shoes.

🔊 그는 신발을 신는다.

She
  washes
    her hands.

🔊 그녀는 손을 씻는다.

He
  leaves
    for work.

🔊 그는 회사로 나선다.

응용 말하기 : 이제 영어로 자신이 있게 말해 보세요.

🎧 In 02-3.mp3

Step 1 **우리말 보면서 듣기** 👂	Step 2 **5초 안에 말해보기** 🗣 (막힐 때는 써보세요.)
01 그는 일어난다.	🔊
02 그녀는 학교에 간다.	🔊
03 그는 손을 씻는다.	🔊
04 그녀는 사과를 먹는다.	🔊
05 그녀는 7시에 일어난다.	🔊
06 그는 신발을 신는다.	🔊
07 그녀는 학교로 나선다.	🔊
08 그는 머리를 감는다.	🔊
09 그녀는 아침을 먹는다.	🔊
10 그는 회사로 나선다.	🔊

▶ 정답은 p.155를 확인하세요.

DAY
03

과거형

이미 일어난 일 말하기

이미 일어난 일을 이야기할 때는 동사 형태가 바뀝니다. 동사의 과거형은 매우 다양합니다. 한 번에 외우려고 하지 말고 우선 이 과에 있는 동사 위주로 익혀 보세요. 반가운 소식은 현재형을 말할 때와 달리 과거형을 말할 때는 주체어가 He/She/It (3인칭)이어도 과거 동사의 형태가 변하지 않는다는 것입니다.

1분

핵심 정리 : 주어가 달라져도 과거형은 같다

🎧 In 03-1.mp3

01

I
I

wake up.
woke up.

02

She
She

eats.
ate.

* I ate. 나는 먹었다.

03

He
He

washes.
washed.

* I washed. 나는 씻었다.

04

I
I

go.
went.

05

He
He

puts on.
put on.

* I put on. 나는 신었다.

06

She
She

leaves.
left.

* I left. 나는 나섰다.

01 나는 * 일어난다. 나는 * 일어났다.

02 그녀는 * 먹는다. 그녀는 * 먹었다.

03 그는 * 씻는다. 그는 * 씻었다.

04 나는 * 간다. 나는 * 갔다.

05 그는 * 신는다. 그는 * 신었다.

06 그녀는 * 나선다. 그녀는 * 나섰다.

▶ 보다 다양한 동사의 과거형을 부록에 정리해 두었습니다. (OUTPUT p.49)

Step 1 이미지 연상하기 👁	Step 2 하나하나 끊어서 듣기 🎧

01

나는 (주체)
    일어났다 (행동)
        7시에. (나머지)

02

그녀는
    먹었다
        사과 한 개를.

03

그는
    씻었다
        그의 얼굴을.

04

나는
    갔다
        학교에.

05

그는
    신었다
        그의 신발들을.

06

그녀는
    나섰다
        회사로.

Step 3 듣고 따라 말하기	Step 4 영어로 말하기
끊어 말하기 ☐ ☐ 이어 말하기 ☐ **I** 　**woke up** 　　at 7.	나는 7시에 일어났다.
She 　**ate** 　　an apple.	그녀는 사과를 먹었다.
He 　**washed** 　　his face.	그는 세수를 했다.
I 　**went** 　　to school.	나는 학교에 갔다.
He 　**put on** 　　his shoes.	그는 신발을 신었다.
She 　**left** 　　for work.	그녀는 회사로 나섰다.

Step 1 우리말 보면서 듣기 🎧	Step 2 **5초 안에 말해보기** 😁 (막힐 때는 써보세요.)
01　나는 일어났다.	🔊
02　그녀는 학교에 갔다.	🔊
03　그는 손을 씻었다.	🔊
04　나는 아침을 먹었다.	🔊
05　그는 사과를 먹었다.	🔊
06　그녀는 7시에 일어났다.	🔊
07　나는 머리를 감았다.	🔊
08　그녀는 신발을 신었다.	🔊
09　그는 학교로 나섰다.	🔊
10　나는 회사로 나섰다.	🔊

▶ 정답은 p.156을 확인하세요.

DAY 04

부정하기
아니야, NO!

강의 및 훈련 MP3

부정문은 동사 앞에 don't나 doesn't만 넣어주면 됩니다. 주체어가 He/She/It이면 동사 앞에 doesn't가 들어갑니다. doesn't 뒤에는 [쓰/츠]가 붙지 않은 동사의 원형을 그대로 써줍니다. 과거의 일을 부정할 때는 주어에 상관없이 didn't를 씁니다. 문장을 반복해서 말하면서 어순과 don't/doesn't/didn't의 쓰임을 자연스럽게 익혀 보세요.

핵심 정리 : 현재를 부정할 때는 don't/doesn't
과거를 부정할 때는 didn't

🎧 In 04-1.mp3

01

I

I

don't
didn't

wake up.
wake up.
wake up.

02

She
She
She

doesn't
didn't

goes.
go.
go.

03

He
He
He

doesn't
didn't

washes.
wash.
wash.

---

01 나는 * 일어난다.
   나는 * 않는다 * 일어나지.
   나는 * 않았다 * 일어나지.

02 그녀는 * 간다.
   그녀는 * 않는다 * 가지.
   그녀는 * 않았다 * 가지.

03 그는 * 씻는다.
   그는 * 않는다 * 씻지.
   그는 * 않았다 * 씻지.

Step 1 **이미지 연상하기** 👁	Step 2 **하나하나 끊어서 듣기** 🎧

01

나는 (주체)

　　않는다 (부정)

　　　일어나지 (행동)

　　　　7시에. (나머지)

02

나는

　　않았다

　　　일어나지

　　　　7시에.

03

그녀는

　　않는다

　　　가지

　　　　학교에.

04

그녀는

　　않았다

　　　가지

　　　　학교에.

05

그는

　　않는다

　　　감지

　　　　그의 머리를.

06

그는

　　않았다

　　　감지

　　　　그의 머리를.

Step 3 듣고 따라 말하기 😛	Step 4 영어로 말하기 😛

I
don't
　　wake up
　　　　at 7.

🖐 끊어 말하기 ☐ ☐
🖐 이어 말하기 ☐

🔊 나는 7시에 일어나지 않는다.

I
didn't
　　wake up
　　　　at 7.

🔊 나는 7시에 일어나지 않았다.

She
doesn't
　　go
　　　to school.

🔊 그녀는 학교에 가지 않는다.

She
didn't
　　go
　　　to school.

🔊 그녀는 학교에 가지 않았다.

He
doesn't
　　wash
　　　his hair.

🔊 그는 머리를 감지 않는다.

He
didn't
　　wash
　　　his hair.

🔊 그는 머리를 감지 않았다.

응용 말하기 : 이제 영어로 자신이 있게 말해 보세요.

🎧 In 04-3.mp3

Step 1 우리말 보면서 듣기 🎧	Step 2 5초 안에 말해보기 💬 (막힐 때는 써보세요.)
01 나는 일어나지 않는다. 🔈	
02 나는 학교에 가지 않는다. 🔈	
03 나는 손을 씻지 않는다. 🔈	
04 나는 아침을 먹지 않는다. 🔈	
05 나는 사과를 먹지 않았다. 🔈	
06 나는 7시에 일어나지 않았다. 🔈	
07 그녀는 머리를 감지 않는다. 🔈	
08 그는 신발을 신지 않는다. 🔈	
09 그녀는 학교로 나서지 않았다. 🔈	
10 그는 회사로 나서지 않았다. 🔈	

▶ 정답은 p.157을 확인하세요.

DAY 05 물어보기

~하니? ~했니?

강의 및 훈련 MP3

뭔가를 하는지 물어볼 때는 Do/Does를, 뭔가를 했는지 물어볼 때는 Did를 문장 앞에 붙이고 기본 어순 그대로 말하면 됩니다. 물어볼 때에 동사는 무조건 원형을 씁니다. Does나 Did가 문장 맨 앞으로 나가면서 He/She/It의 동사 뒤 [쓰/츠]나 과거문장의 과거형 -ed를 싹 뽑아낸다고 생각하세요.

⏱ **핵심 정리** : ~하니? Do/Does ~?
~했니? Did ~?

🎧 In 05-1.mp3

01

Do / Did　**you** / you　eat. / **eat?** / eat?

02

Does / Did　**he** / he　goes. / **go?** / go?

03

Does / **Did**　She / she / **she**　washed. / wash? / **wash?**

01 너는 * 먹는다.
하니? * 너는 * 먹는다
했니? * 너는 * 먹는다

02 그는 * 간다.
하니? * 그는 * 간다
했니? * 그는 * 간다

03 그녀는 * 씻었다.
하니? * 그녀는 * 씻는다
했니? * 그녀는 * 씻는다

57

3분 **집중 훈련** : 보고 듣고 따라 하면서 표현을 내것으로 만드세요.

	Step 1 이미지 연상하기 👁	Step 2 하나하나 끊어서 듣기 👂

01		**하니? 너는** (주체)
		   먹는다 (행동)
		      아침을 (나머지)

02		**했니? 너는**
		   먹는다
		      아침을

03		**하니? 그는**
		   간다
		      학교에

04		**했니? 그는**
		   간다
		      학교에

05		**하니? 그녀는**
		   씻는다
		      그녀의 손들을

06		**했니? 그녀는**
		   씻는다
		      그녀의 손들을

Step 3 듣고 따라 말하기 😋	Step 4 영어로 말하기 😋

Do you
 eat
  breakfast?

✌️ 끊어 말하기 ☐☐
🤟 이어 말하기 ☐

🔊 너는 아침을 먹니?

Did you
 eat
  breakfast?

🔊 너는 아침을 먹었니?

Does he
 go
  to school?

🔊 그는 학교에 가니?

Did he
 go
  to school?

🔊 그는 학교에 갔니?

Does she
 wash
  her hands?

🔊 그녀는 손을 씻니?

Did she
 wash
  her hands?

🔊 그녀는 손을 씻었니?

Step 1 **우리말 보면서 듣기** 🎧	Step 2 **5초 안에 말해보기** 👄 (막힐 때는 써보세요.)
01 너는 일어나니?	🔊
02 그녀는 학교에 가니?	🔊
03 그는 손을 씻니?	🔊
04 그녀는 아침을 먹니?	🔊
05 그는 사과를 먹니?	🔊
06 너는 7시에 일어났니?	🔊
07 그녀는 머리를 감았니?	🔊
08 그는 신발을 신었니?	🔊
09 그녀는 학교로 나섰니?	🔊
10 그는 회사로 나섰니?	🔊

▶ 정답은 p.158을 확인하세요.

5일 동안 배운 다양한 표현들이 익숙해졌는지 확인해 보겠습니다. 처음에는 편하게 해보고, 그다음부터는 타이머를 맞춰서 10초 안에 최소 5문장이 입에서 나올 수 있도록 긴장감을 가지고 훈련해 봅니다.

🎧 In 05-4.mp3

● **3초 안에 말해보기** 👄	(막힐 때는 써보세요.)

01
나는 일어난다.
그는 신발을 신지 않는다.
그녀는 회사로 나섰다.
🔊

02
그는 손을 씻는다.
나는 사과를 먹지 않는다.
그녀는 머리를 감았니?
🔊

03
나는 신발을 신었다.
그녀는 학교로 나섰니?
그는 7시에 일어났다.
🔊

04
나는 7시에 일어나지 않는다.
너는 사과를 먹니?
그는 신발을 신지 않았다.
🔊

05
나는 사과를 먹었다.
그녀는 회사로 나서지 않았다.
너는 7시에 일어났니?
🔊

06	그녀는 회사로 나선다. 그녀는 아침을 먹니? 나는 머리를 감는다.	🔊
07	그는 사과를 먹었니? 나는 손을 씻었다. 나는 학교에 가지 않는다.	🔊
08	그는 사과를 먹는다. 나는 7시에 일어나지 않았다. 그가 회사로 나섰니?	🔊
09	그녀는 학교에 가니? 나는 아침을 먹지 않았다. 그는 머리를 감지 않는다.	🔊
10	너는 아침을 먹었니? 나는 7시에 일어났다. 그녀는 학교로 나서지 않았다.	🔊

▶ 정답은 p.158을 확인하세요.

DAY
06 시간 접속사 when
특정 시점 나타내기

강의 및 훈련 MP3

대화를 하다 보면 '~할 때, ~였을 때' 등과 같이 특정 시점에 대해서 이야기하는 경우가 많습니다. 시기와 때를 의미하는 when의 쓰임을 연습해서 자연스럽게 쓸 수 있도록 해보세요.

1분 **핵심 정리** : '~할 때, ~였을 때'처럼 언제인지를 밝힐 때는 when   🎧 In 06-1.mp3

01		when	I	wake up
02		when	I	ate * breakfast
03		when	I	went * to school
04		when	I	put on * my shoes
05		when	I	washed * my hands
06		when	I	left * for work

01 언제냐면 * 내가 * 일어날 때
02 언제냐면 * 내가 * 먹었을 때 * 아침을
03 언제냐면 * 내가 * 갔을 때 * 학교에
04 언제냐면 * 내가 * 신었을 때 * 내 신발들을
05 언제냐면 * 내가 * 씻었을 때 * 내 손들을
06 언제냐면 * 내가 * 나섰을 때 * 회사로

Step 1 **이미지 연상하기** 👁	Step 2 **하나하나 끊어서 듣기** 🎧

01 when	**언제냐면** (접속사)
	  그녀가 (주체)
	    일어났을 때 (행동)
	      7시에 (나머지)

02 when	**언제냐면**
	  내가
	    감았을 때
	      내 머리를

03 when	**언제냐면**
	  그녀가
	    씻었을 때
	      그녀의 손들을

04 when	**언제냐면**
	  그녀가
	    나섰을 때
	      학교로

05 when	**언제냐면**
	  그가
	    먹었을 때
	      사과 한 개를

06 when	**언제냐면**
	  그가
	    신었을 때
	      그의 신발들을

Step 3 듣고 따라 말하기 😋	Step 4 영어로 말하기 😋

when   🤏 끊어 말하기 ☐ ☐   🤏 이어 말하기 ☐
    she
      woke up
        at 7

🔊 그녀가 7시에 일어났을 때

---

when
    I
      washed
        my hair

🔊 내가 머리를 감았을 때

---

when
    she
      washed
        her hands

🔊 그녀가 손을 씻었을 때

---

when
    she
      left
        for school

🔊 그녀가 학교로 나섰을 때

---

when
    he
      ate
        an apple

🔊 그가 사과를 먹었을 때

---

when
    he
      put on
        his shoes

🔊 그가 신발을 신었을 때

응용 말하기 : 이제 영어로 자신이 있게 말해 보세요. 🎧 In 06-3.mp3

Step 1 **우리말 보면서 듣기** 🎧	Step 2 **5초 안에 말해보기** 👄 (막힐 때는 써보세요.)
01 내가 일어났을 때 🔊	
02 그가 학교에 갔을 때 🔊	
03 그녀가 손을 씻었을 때 🔊	
04 내가 아침을 먹었을 때 🔊	
05 그가 사과를 먹었을 때 🔊	
06 그녀가 7시에 일어났을 때 🔊	
07 내가 머리를 감았을 때 🔊	
08 그가 신발을 신었을 때 🔊	
09 그녀가 학교로 나섰을 때 🔊	
10 내가 회사로 나섰을 때 🔊	

▶ 정답은 p.159를 확인하세요.

DAY 07

빈도 부사

빈도 나타내기

강의 및 훈련 MP3

일상생활을 떠올려 보면 내가 항상 하는 것, 자주 하는 것, 가끔 하는 것, 또는 거의 안 하는 것 등 다양한 빈도 표현을 말해야 할 때가 있습니다. 여기서 중요한 것은 빈도에 관한 표현들이 문장 안에서 어떤 순서에 나오는지입니다. 표현에 따라 문장의 처음, 중간, 또는 끝에 나올 수 있으므로 다음 문장들의 어순에 주의하며 문장을 통째로 익혀 보세요.

 1분 **핵심 정리** : 항상, 가끔, 자주 등 다양한 빈도 표현

🎧 In 07-1.mp3

| 01 | | always 100% | | I | wash * my hair. |

| 02 | | sometimes 30% | | I | wash * my hair. |

| 03 | | rarely 10% | | I | eat * breakfast. |

| 04 | | never 0% | | I | eat * breakfast. |

| 05 | | usually 80% | | I | wake up * at seven. |

| 06 | | every Sunday. | | I | go * to church |

01 나는 * 항상 * 감는다 * 내 머리를.
03 나는 * 거의 않는다 * 먹지 * 아침을.
05 나는 * 보통 * 일어난다 * 7시에.

02 나는 * 가끔 * 감는다 * 내 머리를.
04 나는 * 절대 않는다 * 먹지 * 아침을.
06 나는 * 간다 * 교회에 * 일요일마다.

집중 훈련 : 보고 듣고 따라 하면서 표현을 내것으로 만드세요.

Step 1 이미지 연상하기 👁	Step 2 하나하나 끊어서 듣기 🎧
01 always	나는 (주체) **항상** (부사) 간다 (행동) 학교에. (나머지)
02 usually	나는 **보통** 일어난다 7시에.
03 rarely	그녀는 **거의 않는다** 감지 그녀의 머리를.
04 sometimes	나는 **가끔** 먹는다 아침을.
05 never	그는 **절대 않는다** 먹지 아침을.
06 every Sunday	그는 (주체) 간다 (행동) 교회에 (나머지) **일요일마다.** (부사)

I
always
go
to school.

✌️끊어 말하기 ☐☐
✌️이어 말하기 ☐

🔊 나는 항상 학교에 간다.

I
usually
wake up
at 7.

🔊 나는 보통 7시에 일어난다.

She
rarely
washes
her hair.

🔊 그녀는 거의 머리를 감지 않는다.

I
sometimes
eat
breakfast.

🔊 나는 가끔 아침을 먹는다.

He
never
eats
breakfast.

🔊 그는 절대 아침을 먹지 않는다.

He
goes
to church
every Sunday.

🔊 그는 일요일마다 교회에 간다.

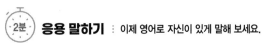
Step 1 우리말 보면서 듣기 👂	Step 2 5초 안에 말해보기 👅 (막힐 때는 써보세요.)
01 나는 항상 학교에 간다. 🔊	
02 그는 일요일마다 교회에 간다. 🔊	
03 그녀는 거의 머리를 감지 않는다. 🔊	
04 나는 가끔 아침을 먹는다. 🔊	
05 그는 절대 아침을 먹지 않는다. 🔊	
06 나는 보통 7시에 일어난다. 🔊	
07 그녀는 절대 손을 씻지 않는다. 🔊	
08 그는 보통 8시에 회사로 나선다. 🔊	
09 나는 일요일마다 오전 10시에 일어난다. 🔊	
10 그는 가끔 머리를 감는다. 🔊	

▶ 정답은 p.160을 확인하세요.

강의 및 훈련 MP3

DAY 08

접속사

문장 연결하기

흔히 '접속사'라고 불리는 문장의 연결고리에는 다양한 표현들이 있습니다. 연결고리를 사용하면 상황을 좀 더 구체적으로 말할 수 있죠. 가장 기본적인 연결고리인 and, but, so의 쓰임을 익혀 보세요.

1분 핵심 정리 : 문장과 문장을 잇는 접속사 and, but, so

🎧 In 08-1.mp3

01

I go * to school, my sister goes * to work.

02

I wash * my hands, she doesn't.

03

I woke up * at 9, I was late * for school.

---

01 나는 * 간다 * 학교에, * 그리고 * 우리 누나는 * 간다 * 회사에.
02 나는 * 씻는다 * 내 손들을, * 그러나 * 그녀는 (씻지) 않는다.
03 나는 * 일어났다 * 9시에, * 그래서 * 나는 * 지각했다 * 학교에.

집중 훈련 : 보고 듣고 따라 하면서 표현을 내것으로 만드세요.

Step 1 이미지 연상하기 ◉	Step 2 하나하나 끊어서 듣기 🎧
01	나는 (주체) 　일어난다 (행동) 　　**그리고** (접속사) 　　　간다 (행동) 　　　　학교에. (나머지)
02	나는 (주체) 　간다 (행동) 　　학교에 (나머지) 　　　**그러나** (접속사) 　　　　그는 (주체) 　　　　　않는다 (부정) 　　　　　　가지 (행동) 　　　　　　　학교에. (나머지)
03	나는 　먹었다 　　아침을 　　　**그래서** 　　　　나는 　　　　　있지 않다 　　　　　　배고픈 상태에.
04	그는 　일어났다 　　7시에 　　　**그리고** 　　　　갔다 　　　　　학교에 　　　　　　8시에.
05	나는 　일어났다 　　9시에 　　　**그래서** 　　　　나는 　　　　　않았다 　　　　　　가지 　　　　　　　학교에.
06	그녀는 　갔다 　　학교에 　　　**그러나** 　　　　나는 　　　　　갔다 　　　　　　회사에.

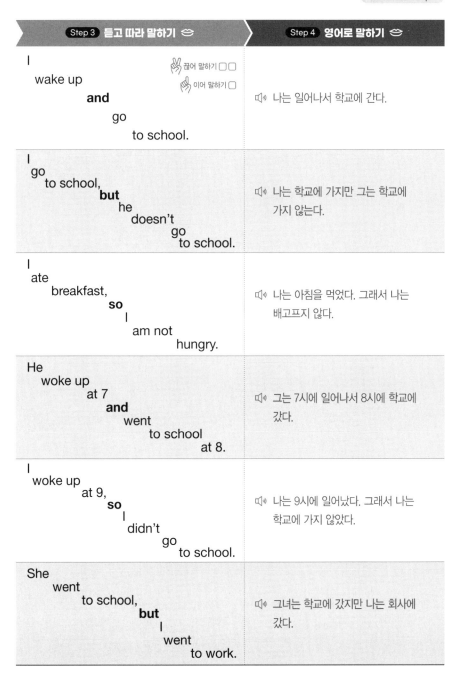

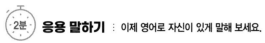

2분 **응용 말하기** : 이제 영어로 자신이 있게 말해 보세요.   🎧 In 08-3.mp3

Step 1 우리말 보면서 듣기 👂	Step 2 **5초 안에 말해보기** 👄 (막힐 때는 써보세요.)
01 나는 일어나서 학교에 간다. 🔊	
02 나는 학교에 가지만 그는 학교에 가지 않는다. 🔊	
03 그녀는 손을 씻지만 아침을 먹지 않는다. 🔊	
04 나는 아침을 먹고 회사에 간다. 🔊	
05 그는 손을 씻고 사과를 먹는다. 🔊	
06 그녀는 신발을 신고 학교에 간다. 🔊	
07 나는 10시에 일어났다. 그래서 나는 학교에 가지 않았다. 🔊	
08 그녀는 학교에 갔지만 나는 회사에 갔다. 🔊	
09 나는 아침을 먹었다. 그래서 나는 배고프지 않다. 🔊	
10 그는 7시에 일어나서 8시에 학교에 갔다. 🔊	

▶ 정답은 p.161을 확인하세요.

DAY 09

전치사

위치 설명하기

강의 및 훈련 MP3

여러분 동네의 이미지를 떠올려 보세요. 어떤 것들이 있나요? 학교며, 공원이며, 은행이며, 일상생활에서 걸핏하면 드나드는 이런 곳들이 어디에 위치해 있는지 이미지에 집중하면서 하나씩 들어보겠습니다. 철자에 신경 쓰지 말고 들리는 대로 이미지를 떠올리면서 따라 해보세요.

 핵심 정리 : 위치를 나타내는 전치사 표현   🎧 In 09-1.mp3

01  behind * the school ↪ in front of * the school	**02** 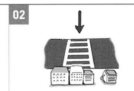 across * the street	**03**  far from * the park

04 next to * the post office	**05**  close to * the subway station

06 between * the post office * and * the grocery store	**07** 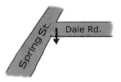 on the corner of * Spring Street * and * Dale Road

01 뒤에 * 학교 ↪ 앞에 * 학교   02 건너편에 * 길   03 ~에서 멀리 * 공원

04 옆에 * 우체국   05 가까이에 * 지하철역

06 사이에 * 우체국 * 그리고 * 식료품점   07 모퉁이에 * 스프링 가 * 그리고 * 데일 로

Step 1 **이미지 연상하기** 👁	Step 2 **하나하나 끊어서 듣기** 🎧
01	공원은 (주체) 있다 (행동) **뒤에/앞에** (나머지-위치) **학교.**
02	그 건물은 있다 **가까이에** **지하철역.**
03	우리 집은 있다 **~에서 멀리** **공원.**
04	은행은 있다 **사이에** **우체국** **그리고** **식료품점.**
05	**그곳에는** (There) **있다** (is) 은행이 (주체) **옆에** (나머지-위치) **우체국.**
06	**그곳에는** **있다** 버스 정거장이 **건너편에** **길.**

The park

✌️ 끊어 말하기 ☐ ☐

is

🤘 이어 말하기 ☐

🔊 공원은 학교 뒤에/앞에 있다.

behind / in front of

the school.

The building

is

🔊 그 건물은 지하철역 가까이에 있다.

close to

the subway station.

My house

is

🔊 우리 집은 공원에서 멀다.

far from

the park.

The bank

is

between

the post office

and

🔊 은행은 우체국과 식료품점 사이에 있다.

the grocery store.

There

is

a bank

🔊 우체국 옆에 은행이 있다.

next to

the post office.

There

is

a bus stop

🔊 길 건너편에 버스 정거장이 있다.

across

the street.

응용 말하기 : 이제 영어로 자신이 있게 말해 보세요. In 09-3.mp3

Step 1 **우리말 보면서 듣기**	Step 2 **5초 안에 말해보기** (막힐 때는 써보세요.)
01 우체국 옆에 은행이 있다.	🔊
02 도서관은 스프링 가와 데일 로의 모퉁이에 있다.	🔊
03 우리 집은 공원에서 멀다.	🔊
04 공원은 학교 뒤에 있다. 공원은 학교 앞에 있다.	🔊
05 길 건너편에 버스 정거장이 있다.	🔊
06 식료품점은 스프링 가와 로즈 로의 모퉁이에 있다.	🔊
07 지하철역은 식료품점 옆에 있다.	🔊
08 식료품점은 지하철역 가까이에 있다.	🔊
09 학교 앞에는 버스 정거장이 있다.	🔊
10 은행은 우체국과 식료품점 사이에 있다.	🔊

▶ 정답은 p.162를 확인하세요.

DAY 10

I am ~ / I feel ~
내 감정 표현하기

강의 및 훈련 MP3

원어민들의 영어 대화를 듣다 보면 감정 표현이 굉장히 풍부하다는 것을 느낄 수 있습니다. 감정을 나타내는 다양한 표현을 익힌 후 여러분의 감정을 표현해 보세요.

 핵심 정리 : 나의 감정과 기분은 I am ~ / I feel ~   🎧 In 10-1.mp3

01	02	03
(I am/feel) **good** **/happy/fine**	(I am/feel) **sad**	(I am/feel) **tired**

04	05	06	07
sick	excited	embarrassed	nervous

08	09	10
frustrated/upset/annoyed	grateful/thankful	scared/shocked

01 기분 좋은/기쁜/괜찮은   02 슬픈   03 피곤한
04 아픈, 토할 것 같은   05 신나는, 기대되는   06 창피한   07 긴장되는
08 짜증 나는/화나는/성가신   09 감사한   10 무서운/충격 받은

Step 1 **이미지 연상하기** 👁	Step 2 **하나하나 끊어서 듣기** 🎧
01	나는 (주체) 　기분이 든다 (행동) 　　　**좋은.** (나머지)
02	나는 　있다 　　**너무 슬픈 상태에.**
03	나는 　있다 　　**피곤한 상태에.**
04	나는 　있다 　　**아픈/토할 것 같은 상태에.**
05	나는 　있다 　　**신나는 상태에.**

끊어 말하기 ☐☐
이어 말하기 ☐

I
feel
good.

나는 기분이 좋다.

I
am
so sad.

나는 너무 슬프다.

I
am
tired.

나는 피곤하다.

I
am
sick.

나는 아프다 / 토할 것 같다.

I
am
excited.

나는 신난다.

81

06		나는 있다 **창피한 상태에.**
07		나는 있다 **긴장되는 상태에.**
08		나는 있다 **짜증 나는 상태에.**
09		나는 있다 **감사한 상태에.**
10		나는 있다 **무서운 상태에.**

끊어 말하기 ☐ ☐
이어 말하기 ☐

I

am

embarrassed.

🔊 나는 창피하다.

I

am

nervous.

🔊 나는 긴장된다.

I

am

frustrated.

🔊 나는 짜증이 난다.

I

am

grateful.

🔊 나는 감사한다. (고맙습니다.)

I

am

scared.

🔊 나는 무섭다.

Step 1 **우리말 보면서 듣기** 👂	Step 2 **5초 안에 말해보기** 👄 (막힐 때는 써보세요.)
01 나는 기분이 좋다. 🔊	
02 나는 신난다. 🔊	
03 나는 피곤하다. 🔊	
04 나는 너무 슬프다. 🔊	
05 나는 짜증이 난다. 🔊	
06 나는 긴장된다. 🔊	
07 나는 아프다. 🔊	
08 나는 창피하다. 🔊	
09 나는 감사한다. 🔊	
10 나는 무섭다. 🔊	

▶ 정답은 p.164를 확인하세요.

TEST

30초 영어 말하기 표현

중간점검 DAY 06~10

훈련 MP3

5일 동안 배운 다양한 표현들이 익숙해졌는지 확인해 보겠습니다. 처음에는 편하게 해보고, 그다음부터는 타이머를 맞춰서 10초 안에 최소 5문장이 입에서 나올 수 있도록 긴장감을 가지고 훈련해 봅니다.

🎧 In 10-4.mp3

● **3초 안에 말해보기** 😁 (막힐 때는 써보세요.)

01	그가 사과를 먹었을 때 은행 앞에 버스 정거장이 있다. 나는 너무 슬프다.	🔊
02	그녀는 절대 손을 씻지 않는다. 지하철역은 스프링 가와 데일 로의 모퉁이에 있다. 그녀는 학교에 갔지만 나는 회사에 갔다.	🔊
03	학교는 도서관과 우체국 사이에 있다. 나는 가끔 아침을 먹는다. 그는 7시에 일어나서 8시에 학교에 갔다.	🔊
04	우리 집은 공원에서 멀다. 나는 신난다. 나는 10시에 일어났다. 그래서 학교에 가지 않았다.	🔊
05	그녀는 손을 씻지만 아침을 먹지 않는다. 길 건너편에 버스 정거장이 있다. 그는 일요일마다 교회에 간다.	🔊

85

06	그는 가끔 머리를 감는다. 나는 아침을 먹고 회사로 나선다. 나는 긴장된다.	🔊
07	내가 일어났을 때 나는 학교에 가지만 그는 학교에 가지 않는다. 나는 토할 것 같다.	🔊
08	은행은 우체국 옆에 있다. 그는 거의 머리를 감지 않는다. 나는 피곤하다.	🔊
09	그는 보통 8시에 회사로 나선다. 식료품점은 지하철역 가까이에 있다. 나는 창피하다.	🔊
10	그가 회사로 나섰을 때 그녀는 일요일마다 오전 10시에 일어난다. 나는 기분이 좋다.	🔊

▶ 정답은 p.165를 확인하세요.

이제 영어의 기본 골격이 보이나요?
그럼 다음 단계로 가셔도 좋습니다.

30초
영어 말하기
핵심 표현

DAY
11

하루에 표현 10개
아침에 하는 일

오늘부터는 특정 상황을 떠올리며 다양한 표현들을 익혀 보겠습니다. 우선 아침에 집을 나서기 전에 준비하는 상황을 떠올려 보세요. 알람을 맞추고 잤는데 알람이 울리지 않았다거나, 늦잠을 자서 샤워를 못하고 나간 적이 있나요? 문장을 하나씩 듣고 머릿속으로 그에 맞는 기억을 떠올리거나 이미지를 그리면서 천천히 익혀 보세요. 급하지 않게 천천히 꼭꼭 씹으면서 익히는 것이 중요한 포인트입니다.

핵심 정리 : 아침에 하는 일과 관련된 표현

🎧 In 11-1.mp3

01	02	03	04
set one's alarm	go off	not go off	sleep in

05	06	07
make one's bed	brush one's teeth	take a shower

08	09	10
skip a shower	get dressed	wear the same clothes

01 알람을 맞추다   02 (알람이) 울리다   03 (알람이) 울리지 않다   04 늦잠을 자다
05 침대를 정리하다   06 양치하다   07 샤워하다   08 샤워를 건너뛰다   09 (나가기 위해) 옷을 입다   10 같은 옷을 입다

집중 훈련 : 보고 듣고 따라 하면서 표현을 내것으로 만드세요.

Step 1 이미지 연상하기 👁	Step 2 하나하나 끊어서 듣기 🎧
01	나는 **맞춘다** 　　**내 알람을** 　　　　7시로.
02	그것이(알람이) 　　**울린다.**
03	그것이(알람이) 　　**않는다** 　　　　**울리지.**
04	나는 　　**늦잠을 잔다.**
05	나는 　　**정리한다** 　　　　**내 침대를.**

✌️ 끊어 말하기 ☐ ☐
✌️ 이어 말하기 ☐

I
set
　my alarm
　　for 7.

🔊 나는 알람을 7시로 맞춘다.

It
goes off.

🔊 그것이(알람이) 울린다.

It
doesn't
　go off.

🔊 그것이(알람이) 울리지 않는다.

I
sleep in.

🔊 나는 늦잠을 잔다.

I
make
　my bed.

🔊 나는 침대를 정리한다.

91

06	나는 닦는다 내 이를.
07	나는 취한다 샤워를.
08	나는 건너뛴다 샤워를.
09	나는 (나가기 위해) 옷을 입는다.
10	나는 입는다 똑같은 옷을 어제와.

✌️ 끊어 말하기 ☐ ☐
✌️ 이어 말하기 ☐

I
brush
　　my teeth.

🔊 나는 양치한다.

I
take
　　a shower.

🔊 나는 샤워한다.

I
skip
　　a shower.

🔊 나는 샤워를 건너뛴다.

I
get dressed.

🔊 나는 (나가기 위해) 옷을 입는다.

I
wear
　the same clothes
　　　as yesterday.

🔊 나는 어제 입었던 옷을 입는다.

Step 1 우리말 보면서 듣기 🎧	**Step 2** 5초 안에 말해보기 👄 (막힐 때는 써보세요.)
01 나는 알람을 7시로 맞춘다.	🔊 I .... my alarm .... 7.
02 그것이(알람이) 울린다.	🔊 It ....
03 그것이(알람이) 울리지 않는다.	🔊 It .... go ....
04 나는 늦잠을 잔다.	🔊 I sleep ....
05 나는 침대를 정리한다.	🔊 I .... my ....
06 나는 양치한다.	🔊 I .... my ....
07 나는 샤워한다.	🔊 I .... a ....
08 나는 샤워를 건너뛴다.	🔊 I .... a ....
09 나는 (나가기 위해) 옷을 입는다.	🔊 I get ....
10 나는 어제 입었던 옷을 입는다.	🔊 I .... the .... clothes .... yesterday.

94

▶ 정답은 p.166을 확인하세요.

DAY
12

하루에 표현 10개

버스 타기

강의 및 훈련 MP3

오늘은 버스를 탔던 경험을 떠올려 보겠습니다. 버스에 자리가 없어서 손잡이를 잡고 서 있거나, 자리를 다른 사람에게 양보한 적이 있나요? 문장마다 그에 맞는 이미지를 머릿속으로 그려 보세요. 이미지와 소리가 친구가 되어 항상 같이 있어야 합니다. 마찬가지로 급하지 않게 천천히 익혀 보세요.

1분 **핵심 정리** : 버스를 타는 것과 관련된 표현

🎧 In 12-1.mp3

01  wait for the bus	**02**  get on the bus	**03**  full
04  stand	**05**  hold onto a strap	**06**  empty
07  sit down	**08**  give my seat	**09** push the stop button	**10** get off the bus

01 버스를 기다리다 02 버스에 타다 03 (자리가) 꽉 찬
04 서 있다 05 손잡이를 잡다 06 (자리가) 빈
07 (자리에) 앉다 08 내 자리를 양보하다 09 정차 버튼을 누르다 10 버스에서 내리다

-3분-

Step 1 이미지 연상하기 👁	Step 2 하나하나 끊어서 듣기 🎧

01

나는
　　기다린다
　　　　버스를.

02

나는
　　탄다
　　　　버스에.

03

자리들이
　　　　있다
　　　　　　꽉 찬 상태에.

04

나는
　　서 있는다.

05

나는
　　잡는다
　　　　손잡이를.

끊어 말하기 ☐ ☐
이어 말하기 ☐

I
wait for
the bus.

🔊 나는 버스를 기다린다.

I
get on
the bus.

🔊 나는 버스에 탄다.

The seats
are
full.

🔊 자리가 꽉 찼다.

I
stand.

🔊 나는 서 있는다.

I
hold onto
a strap.

🔊 나는 손잡이를 잡는다.

97

06

한 자리가
　　있다
　　　비어 있는 상태에.

07

나는
　　앉는다.

08

나는
　　양보한다
　　　내 자리를.

09

나는
　　누른다
　　　정차 버튼을.

10

나는
　　내린다
　　　버스에서.

✌️ 끊어 말하기 ☐☐
✌️ 이어 말하기 ☐

A seat
　　is
　　　　empty.

🔊 한 자리가 비어 있다.

I
　sit down.

🔊 나는 앉는다.

I
　give
　　　my seat.

🔊 나는 자리를 양보한다.

I
　push
　　　the stop button.

🔊 나는 정차 버튼을 누른다.

I
　get off
　　　the bus.

🔊 나는 버스에서 내린다.

Step 1 **우리말 보면서 듣기** 🎧	Step 2 **5초 안에 말해보기** 👄 (막힐 때는 써보세요.)
01 나는 버스를 기다린다.	🔊 I _____ for the _____.
02 나는 버스에 탄다.	🔊 I _____ _____ the bus.
03 자리가 꽉 찼다.	🔊 The _____ are _____.
04 나는 서 있는다.	🔊 I _____.
05 나는 손잡이를 잡는다.	🔊 I _____ onto a _____.
06 한 자리가 비어 있다.	🔊 A _____ is _____.
07 나는 앉는다.	🔊 I _____ _____.
08 나는 자리를 양보한다.	🔊 I _____ my _____.
09 나는 정차 버튼을 누른다.	🔊 I _____ the _____ button.
10 나는 버스에서 내린다.	🔊 I _____ _____ the bus.

▶ 정답은 p.167을 확인하세요.

강의 및 훈련 MP3

DAY 13

하루에 표현 10개

지하철 타기

이번에는 지하철을 탔던 경험을 같이 떠올려 보겠습니다. 사람들이 북적이고, 겨우 자리를 찾고, 또는 피곤해서 앉은 채로 잠이 들 때도 있습니다. 문장마다 그에 맞는 이미지를 떠올리면서 익혀 보세요. 서두르지 말고 단어 하나하나를 천천히 내뱉어 보세요.

1분 핵심 정리 : 지하철 타는 것과 관련된 표현

🎧 In 13-1.mp3

01

scan my transit card

02

follow the signs

03

wait on the platform

04

get on the train

05

crowded

06

find a seat

07

fall asleep

08

miss my stop

09

get off at the next stop

10

walk for 20 minutes

01 교통카드를 대다(읽히다)   02 표지판들을 따라가다   03 승강장에서 기다리다

04 열차를 타다   05 북적이는   06 자리를 찾다   07 잠이 들다

08 내릴 정거장을 놓치다   09 다음 정거장에서 내리다   10 20분 동안 걷다

집중 훈련 : 보고 듣고 따라 하면서 표현을 내것으로 만드세요.

Step 1 이미지 연상하기 👁	Step 2 하나하나 끊어서 듣기 🎧

01

나는

댄다(읽힌다)

내 교통카드를.

02

나는

따라간다

표지판들을.

03

나는

기다린다

위에서

승강장.

04

나는

탄다

열차를.

05

열차는

있다

북적이는 상태에.

끊어 말하기 ▢▢
이어 말하기 ▢

I
scan
my transit card.

🔊 나는 교통카드를 댄다.

I
follow
the signs.

🔊 나는 표지판들을 따라간다.

I
wait
on
the platform.

🔊 나는 승강장에서 기다린다.

I
get on
the train.

🔊 나는 열차를 탄다.

The train
is
crowded.

🔊 열차는 북적인다.

06

나는
    찾는다
        자리를.

07

나는
    빠진다
        잠든 상태에.

08

나는
    놓친다
        내가 내릴 정거장을.

09

나는
    내린다
        다음 정거장에서.

10

나는
    걷는다
        20분 동안.

🤞끊어 말하기 ☐☐
🤟이어 말하기 ☐

I
find
    a seat.

🔊 나는 자리를 찾는다.

I
  fall
    asleep.

🔊 나는 잠이 든다.

I
  miss
    my stop.

🔊 나는 내릴 정거장을 놓친다.

I
  get off
    at the next stop.

🔊 나는 다음 정거장에서 내린다.

I
  walk
    for 20 minutes.

🔊 나는 20분 동안 걷는다.

2분 **응용 말하기** : 이제 영어로 자신이 있게 말해 보세요.　　　　　∩ In 13-3.mp3

Step 1 우리말 보면서 듣기 👂	Step 2 **5초 안에 말해보기** 🗣 (막힐 때는 써보세요.)

01　나는 교통카드를 댄다.　　🔊 I _____ my _____ card.

02　나는 표지판들을 따라간다.　　🔊 I _____ the _____.

03　나는 승강장에서 기다린다.　　🔊 I _____ the _____.

04　나는 열차를 탄다.　　🔊 I _____ on the _____.

05　열차는 북적인다.　　🔊 _____ train is _____.

06　나는 자리를 찾는다.　　🔊 I _____ a _____.

07　나는 잠이 든다.　　🔊 I _____ _____.

08　나는 내릴 정거장을 놓친다.　　🔊 I miss _____.

09　나는 다음 정거장에서 내린다.　　🔊 I _____ at the _____.

10　나는 20분 동안 걷는다.　　🔊 I _____ 20 _____.

▶ 정답은 p.168을 확인하세요.

DAY 14 운전하기

하루에 표현 10개

강의 및 훈련 MP3

오늘은 운전에 관한 표현입니다. 운전자들은 본인의 경험을, 비운전자들은 다른 사람의 상황을 떠올려 보세요. 늦어서 급하게 가거나 과속 딱지를 떼이는 등 운전할 때 생길 수 있는 상황들을 머릿속으로 떠올려 보세요. 자, 이제 귀를 열고 같이 들어 보겠습니다.

 핵심 정리 : 운전하는 것과 관련된 표현   🎧 In 14-1.mp3

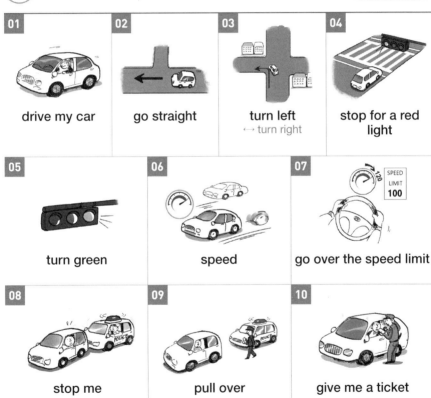

01	02	03	04
drive my car	go straight	turn left ↔ turn right	stop for a red light

05	06	07
turn green	speed	go over the speed limit

08	09	10
stop me	pull over	give me a ticket

01 내 차를 운전하다   02 직진하다   03 좌회전하다 ↔ 우회전하다   04 빨간불에 멈추다
05 초록불로 바뀌다   06 과속하다   07 제한속도를 넘다
08 나를 세우다   09 길가로 차를 세우다   10 나에게 딱지를 떼다

3분 **집중 훈련** ： 보고 듣고 따라 하면서 표현을 내것으로 만드세요.

Step 1 이미지 연상하기 👁	Step 2 하나하나 끊어서 듣기 👂
01	나는 운전한다 내 차를.
02	나는 간다 일직선으로.
03	나는 돈다 왼쪽으로/오른쪽으로.
04	나는 멈춘다 빨간불에.
05	불이 바뀐다 초록불로.

✌️ 끊어 말하기 ☐ ☐
✌️ 이어 말하기 ☐

I

    drive

        my car.

🔊 나는 내 차를 운전한다.

I

    go

        straight.

🔊 나는 직진한다.

I

    turn

        left/right.

🔊 나는 좌회전/우회전한다.

I

    stop

        for a red light.

🔊 나는 빨간불에 멈춘다.

The light

    turns

        green.

🔊 불이 초록불로 바뀐다.

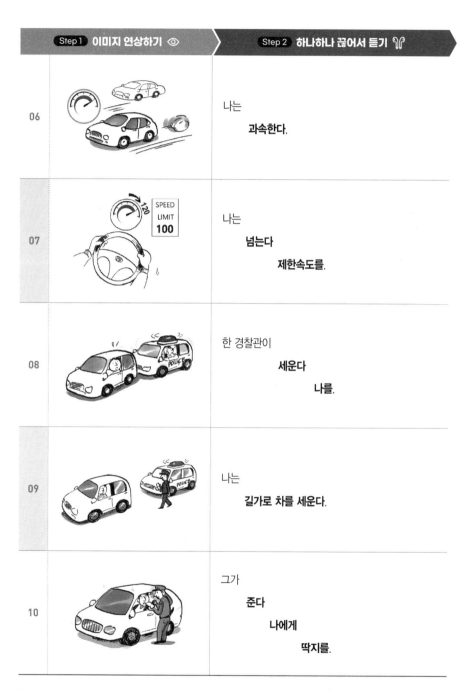

06
나는
  과속한다.

07
나는
  넘는다
    제한속도를.

08
한 경찰관이
    세운다
        나를.

09
나는
  길가로 차를 세운다.

10
그가
  준다
    나에게
        딱지를.

✌️ 끊어 말하기 ☐ ☐
🤟 이어 말하기 ☐

I
    speed.

🔊 나는 과속한다.

I
    go over
        the speed limit.

🔊 나는 제한속도를 넘는다.

A police officer
        stops
            me.

🔊 한 경찰관이 나를 세운다.

I
    pull over.

🔊 나는 길가로 차를 세운다.

He
    gives
        me
            a ticket.

🔊 그가 나에게 딱지를 뗀다.

Step 1 우리말 보면서 듣기 👂	Step 2 5초 안에 말해보기 👄 (막힐 때는 써보세요.)
01 나는 내 차를 운전한다.	🔊 I _____ my _____.
02 나는 직진한다.	🔊 I go _____.
03 나는 좌회전한다. 나는 우회전한다.	🔊 I _____ left. I turn _____.
04 나는 빨간불에 멈춘다.	🔊 I stop _____ a red _____.
05 불이 초록불로 바뀐다.	🔊 The light _____.
06 나는 과속한다.	🔊 I _____.
07 나는 제한속도를 넘는다.	🔊 I go _____ the speed _____.
08 한 경찰관이 나를 세운다.	🔊 A police officer _____ me.
09 나는 길가로 차를 세운다.	🔊 I pull _____.
10 그가 나에게 딱지를 뗀다.	🔊 He _____ me a _____.

DAY 15

하루에 표현 10개

TV 시청하기

강의 및 훈련 MP3

여러분은 TV를 자주 보시나요? 집에서 TV를 보는 모습을 떠올려 보세요. 프로그램이 재미없다거나 가족과 리모컨을 들고 다툴 때도 있을 겁니다. 급하게 말하려고 하지 말고 천천히 그 상황을 떠올리며 하나하나 말해 보세요.

 핵심 정리 : TV를 보는 것과 관련된 표현

 In 15-1.mp3

01  turn on the TV ↪ turn off the TV	**02** pick up the remote	**03** change the channels
04 turn up the volume ↪ turn down the volume	**05**  The news is on	**06** A commercial is on
07  watch a game show	**08** The show ends	**09** boring	**10** use a remote

01 TV를 켜다 ↔ TV를 끄다　02 리모컨을 들다　03 채널을 바꾸다
04 볼륨을 높이다 ↔ 볼륨을 낮추다　05 뉴스를 한다　06 광고를 한다
07 게임 프로그램을 시청하다　08 프로그램이 끝나다　09 재미없는, 따분한　10 리모컨을 사용하다

113

집중 훈련 : 보고 듣고 따라 하면서 표현을 내것으로 만드세요.

Step 1 이미지 연상하기 👁	Step 2 하나하나 끊어서 듣기 👂
01	나는 **켠다/끈다** **TV를.**
02	나는 **집어든다** **리모컨을.**
03	나는 **바꾼다** **채널을.**
04	나는 **높인다/낮춘다** **볼륨을.**
05	**뉴스가** **나오고 있는 중이다.**

|

✌️ 끊어 말하기 ☐ ☐
🤟 이어 말하기 ☐

I
turn on/off
　　the TV.

🔊 나는 TV를 켠다/끈다.

I
pick up
　　the remote.

🔊 나는 리모컨을 든다.

I
change
　　the channels.

🔊 나는 채널을 바꾼다.

I
turn up/down
　　　the volume.

🔊 나는 볼륨을 높인다/낮춘다.

The news
　　is on.

🔊 뉴스를 한다.

115

06

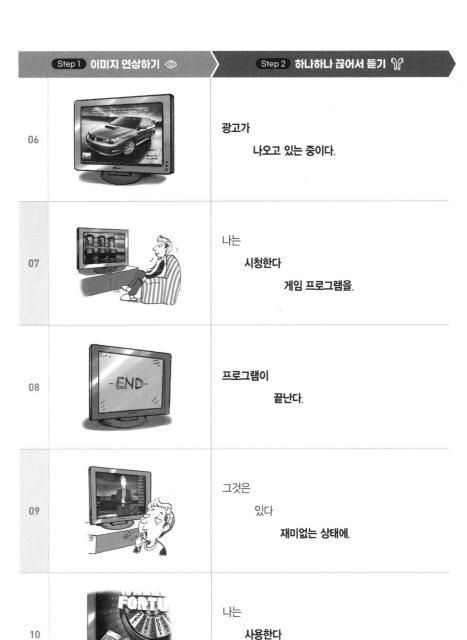

광고가
　　　나오고 있는 중이다.

07

나는
　　시청한다
　　　　게임 프로그램을.

08

프로그램이
　　끝난다.

09

그것은
　　　있다
　　　　재미없는 상태에.

10

나는
　　사용한다
　　　리모컨을.

✌️ 끊어 말하기 ☐☐
✌️ 이어 말하기 ☐

A commercial

        is on.

🔊 광고를 한다.

I

    watch

        a game show.

🔊 나는 게임 프로그램을 시청한다.

The show

      ends.

🔊 프로그램이 끝난다.

It

   is

      boring.

🔊 그것은 재미없다.

I

   use

      a remote.

🔊 나는 리모컨을 사용한다.

Step 1 우리말 보면서 듣기 🎧	Step 2 **5초 안에 말해보기** 🗣 (막힐 때는 써보세요.)
01 나는 TV를 켠다. 나는 TV를 끈다.	🔊 I turn _____ the TV. I _____ _____ the TV.
02 나는 리모컨을 든다.	🔊 I _____ the remote.
03 나는 채널을 바꾼다.	🔊 I _____ the channels.
04 나는 볼륨을 높인다. 나는 볼륨을 낮춘다.	🔊 I _____ up the volume. I turn _____ the volume.
05 뉴스를 한다.	🔊 _____ news is _____.
06 광고를 한다.	🔊 A _____ is _____.
07 나는 게임 프로그램을 시청한다.	🔊 I _____ a game show.
08 프로그램이 끝난다.	🔊 The show _____.
09 그것은 재미없다.	🔊 It is _____.
10 나는 리모컨을 사용한다.	🔊 I _____ a remote.

▶ 정답은 p.170을 확인하세요.

TEST

30초 영어 말하기 표현
중간점검 DAY 11~15

훈련 MP3

5일 동안 배운 다양한 표현들이 익숙해졌는지 확인해 보겠습니다. 처음에는 편하게 해보고, 그다음부터는 타이머를 맞춰서 10초 안에 최소 5문장이 입에서 나올 수 있도록 긴장감을 가지고 훈련해 봅니다.

🎧 In 15-4.mp3

● **3초 안에 말해보기** 🗣️   (막힐 때는 써보세요.)

01	나는 알람을 7시로 맞춘다. 그것이(알람이) 울리지 않는다. 나는 늦잠을 잔다.	🔊
02	나는 침대를 정리한다. 나는 샤워를 건너뛴다. 나는 어제 입었던 옷을 입는다.	🔊
03	나는 버스에 탄다. 자리가 꽉 차 있다. 나는 손잡이를 잡는다.	🔊
04	한 자리가 비어 있다. 나는 자리를 양보한다. 나는 버스에서 내린다.	🔊
05	나는 표지판들을 따라간다. 나는 승강장에서 기다린다. 열차는 북적인다.	🔊

06	나는 자리를 찾는다. 나는 잠이 든다. 나는 내릴 정류장을 놓친다.	🔊
07	**나는 좌회전을 한다.** **불이 초록불로 바뀐다.** **나는 과속한다.**	🔊
08	나는 제한속도를 넘긴다. 한 경찰관이 나를 세운다. 나는 길가로 차를 세운다.	🔊
09	**나는 TV를 켠다.** **나는 채널을 바꾼다.** **나는 볼륨을 높인다.**	🔊
10	광고를 한다. 나는 게임 프로그램을 시청한다. 그것은 재미없다.	🔊

▶ 정답은 p.171을 확인하세요.

DAY 16

하루에 표현 10개

반려동물 돌보기

강의 및 훈련 MP3

여러분은 반려동물을 키우시나요? 반려동물을 키우는 것은 결코 쉬운 일이 아닙니다. 기본적으로 책임감이 따라야 하기 때문이지요. 귀여운 강아지나 고양이를 떠올리며 반려동물 돌보기에 관한 표현들을 배워 보겠습니다. 이번에도 서두르지 말고 머릿속에 이미지를 떠올린 채 소리에 집중하면서 따라 말해 보세요.

 핵심 정리 : 반려동물을 돌보는 것과 관련된 표현   🎧 In 16-1.mp3

01	02	03	04

feed my cat

play with my dog

pet my cat

put a leash on my dog

05	06	07

walk my dog

give my dog a treat

wag his/her tail

08	09	10

take him/her for a walk

bark

chew up my stuff

01 내 고양이에게 밥을 주다   02 내 강아지와 놀다   03 내 고양이를 쓰다듬다

04 내 강아지한테 목줄을 채우다   05 내 강아지를 산책시키다   06 내 강아지에게 간식을 주다

07 꼬리를 흔들다   08 강아지를 데리고 산책하러 가다   09 (강아지가) 짖다

10 내 물건들을 물어뜯다

집중 훈련 : 보고 듣고 따라 하면서 표현을 내것으로 만드세요.

Step 1 이미지 연상하기 👁	Step 2 하나하나 끊어서 듣기 🎧

01

나는
밥을 준다
내 고양이에게.

02

나는
논다
내 강아지와.

03

나는
쓰다듬는다
내 고양이를.

04

나는
채운다
목줄을
내 강아지한테.

05

나는
산책시킨다
내 강아지를.

끊어 말하기 ☐☐
이어 말하기 ☐

I
feed
   my cat.

나는 고양이에게 밥을 준다.

I
play
   with my dog.

나는 강아지와 논다.

I
pet
   my cat.

나는 고양이를 쓰다듬는다.

I
put
   a leash
     on my dog.

나는 강아지에게 목줄을 채운다.

I
walk
   my dog.

나는 강아지를 산책시킨다.

06

나는
　준다
　　내 강아지에게
　　　간식을.

07

그는
　흔든다
　　그의 꼬리를.

08

나는
　데리고 간다
　　그를
　　　산책하러.

09

그는
　짖는다.

10

그는
　물어뜯는다
　　내 물건들을.

I
give
　　my dog
　　　　a treat.

끊어 말하기 ☐ ☐
이어 말하기 ☐

◁» 나는 강아지에게 간식을 준다.

He
　wags
　　　his tail.

◁» 그는 꼬리를 흔든다.

I
take
　him
　　for a walk.

◁» 나는 그를 데리고 산책하러 간다.

He
barks.

◁» 그는 짖는다.

He
　chews up
　　　my stuff.

◁» 그는 내 물건들을 물어뜯는다.

Step 1 **우리말 보면서 듣기** 👂	Step 2 **5초 안에 말해보기** 💬 (막힐 때는 써보세요.)
01 나는 고양이에게 밥을 준다.	🔊 I .... my cat.
02 나는 강아지와 논다.	🔊 I .... my dog.
03 나는 고양이를 쓰다듬는다.	🔊 I .... my cat.
04 나는 강아지에게 목줄을 채운다.	🔊 I put a .... my dog.
05 나는 강아지를 산책시킨다.	🔊 I .... my dog.
06 나는 강아지에게 간식을 준다.	🔊 I .... my dog a ....
07 그는 꼬리를 흔든다.	🔊 He .... his tail.
08 나는 그를 데리고 산책하러 간다.	🔊 I take him .... a ....
09 그는 짖는다.	🔊 He ....
10 그는 내 물건들을 물어뜯는다.	🔊 He .... up my ....

▶ 정답은 p.172를 확인하세요.

INPUT

DAY 17

하루에 표현 10개

청소하기

강의 및 훈련 MP3

 1분 **핵심 정리** : 청소하는 것과 관련된 표현

오늘은 대청소를 하는 날입니다. 청소기를 돌리고 화장실을 청소하는 모습을 떠올려 보세요. 내 머릿속에 있는 대청소의 기억을 떠올리며 청소에 관한 다양한 표현을 익혀 보세요. 자, 그럼 '청소하다'라는 표현부터 알아볼까요?

🎧 In 17-1.mp3

01  clean my house	**02** dust the furniture	**03**  vacuum the carpet
04 sweep the floor	**05** clean the sink	**06** scrub the bathtub
07 empty a wastebasket	**08** take out the trash	**09** recycle	**10** pay a fine

01 내 집을 청소하다   02 가구의 먼지를 털다   03 진공청소기로 카펫을 청소하다
04 바닥을 쓸다   05 세면대를 청소하다   06 욕조를 문질러 닦다
07 쓰레기통을 비우다   08 쓰레기를 내다 버리다   09 재활용하다   10 벌금을 내다

집중 훈련 : 보고 듣고 따라 하면서 표현을 내것으로 만드세요.

01

나는
청소한다
내 집을.

02

나는
먼지를 턴다
가구를.

03

나는
진공청소기를 돌린다
카펫을.

04

나는
쓴다
바닥을.

05

나는
청소한다
세면대를.

Step 3 듣고 따라 말하기 😊

Step 4 영어로 말하기 😊

끊어 말하기 ☐ ☐
이어 말하기 ☐

I
clean
my house.

🔊 나는 집을 청소한다.

I
dust
the furniture.

🔊 나는 가구의 먼지를 턴다.

I
vacuum
the carpet.

🔊 나는 진공청소기로 카펫을 청소한다.

I
sweep
the floor.

🔊 나는 바닥을 쓴다.

I
clean
the sink.

🔊 나는 세면대를 청소한다.

06

나는
　문질러 닦는다
　　　욕조를.

07

나는
　비운다
　　　쓰레기통을.

08

나는
　내다 버린다
　　　쓰레기를.

09

나는
　재활용한다.

10

나는
　낸다
　　벌금을.

✌️ 끊어 말하기 ☐☐
🖐️ 이어 말하기 ☐

I

scrub

    the bathtub.

🔊 나는 욕조를 문질러 닦는다.

I

empty

    a wastebasket.

🔊 나는 쓰레기통을 비운다.

I

take out

    the trash.

🔊 나는 쓰레기를 내다 버린다.

I

recycle.

🔊 나는 재활용을 한다.

I

pay

    a fine.

🔊 나는 벌금을 낸다.

Step 1 우리말 보면서 듣기 🎧	Step 2 5초 안에 말해보기 😊 (막힐 때는 써보세요.)
01 나는 집을 청소한다.	🔊 I _____ my _____.
02 나는 가구의 먼지를 턴다.	🔊 I _____ the furniture.
03 나는 진공청소기로 카펫을 청소한다.	🔊 I _____ the carpet.
04 나는 바닥을 쓴다.	🔊 I _____ the floor.
05 나는 세면대를 청소한다.	🔊 I _____ the _____.
06 나는 욕조를 문질러 닦는다.	🔊 I _____ the _____.
07 나는 쓰레기통을 비운다.	🔊 I _____ a wastebasket.
08 나는 쓰레기를 내다 버린다.	🔊 I take _____ the _____.
09 나는 재활용을 한다.	🔊 I _____.
10 나는 벌금을 낸다.	🔊 I pay a _____.

▶ 정답은 p.173을 확인하세요.

강의 및 훈련 MP3

DAY 18

하루에 표현 10개

요리하기

여러분은 요리를 좋아하시나요? 오늘은 요리에 관한 표현들을 배워 보겠습니다. 요리하고 있는 이미지를 머릿속에 떠올리며 문장들을 차근차근 들어 보세요. 물이 끓는 모습이나 재료를 손질하는 모습 등을 떠올려 보세요. 지금부터 요리시간입니다.

핵심 정리 : 요리하는 것과 관련된 표현

In 18-1.mp3

01 cook something

02 cook for somebody

03 put a lid on the pot

04 boil some water

05 cook meat/vegetables

06 heat the sauce in a pot

07 put some salt and pepper

08 drain the spaghetti

09 It is done

10 taste good ↔ taste bad

01 뭔가를 요리하다
04 물을 끓이다
07 소금과 후추를 넣다

02 누군가를 위해 요리하다
05 고기를/채소를 요리하다
08 스파게티의 물을 빼다

03 냄비에 뚜껑을 덮다
06 냄비에 소스를 데우다
09 완성되었다　10 맛이 있다 ↔ 맛이 없다

집중 훈련 ： 보고 듣고 따라 하면서 표현을 내것으로 만드세요.

Step 1 이미지 연상하기 ⊚	Step 2 하나하나 끊어서 듣기 👂

01

나는
　　요리한다
　　　　뭔가를.

02

나는
　　요리한다
　　　　누군가를 위해서.

03

나는
　　놓는다
　　　　뚜껑을
　　　　　　냄비 위에.

04

나는
　　끓인다
　　　　물을.

05

나는
　　요리한다
　　　　고기를/야채를.

✌️ 끊어 말하기 ☐ ☐
✌️ 이어 말하기 ☐

I
  cook
      something.

🔊 나는 뭔가를 요리한다.

I
  cook
      for somebody.

🔊 나는 누군가를 위해 요리한다.

I
  put
      a lid
         on the pot.

🔊 나는 냄비에 뚜껑을 덮는다.

I
  boil
      some water.

🔊 나는 물을 끓인다.

I
  cook
      meat/vegetables.

🔊 나는 고기를/채소를 요리한다.

06

나는
데운다
소스를
냄비에.

07

나는
넣는다
소금과 후추를.

08

나는
물을 뺀다
스파게티를.

09

이것은
완성되었다.

10

이것은
맛이 난다
좋은/나쁜.

I

끊어 말하기 ▢ ▢

이어 말하기 ▢

heat

the sauce

in a pot.

🔊 나는 냄비에 소스를 데운다.

I

put

some salt and pepper.

🔊 나는 소금과 후추를 넣는다.

I

drain

the spaghetti.

🔊 나는 스파게티의 물을 뺀다.

It

is done.

🔊 이것은 완성되었다. (요리가 다 됐다.)

It

tastes

good/bad.

🔊 이것은 맛이 있다/없다.

Step 1 **우리말 보면서 듣기** 🎧	Step 2 **5초 안에 말해보기** 🗨 (막힐 때는 써보세요.)

01 나는 뭔가를 요리한다.   🔊 I _____ something.

02 나는 누군가를 위해 요리한다.   🔊 I cook _____ somebody.

03 나는 냄비에 뚜껑을 덮는다.   🔊 I _____ a _____ on the _____ .

04 나는 물을 끓인다.   🔊 I _____ some water.

05 나는 고기를 요리한다.
나는 채소를 요리한다.   🔊 I cook _____ .
I cook _____ .

06 나는 냄비에 소스를 데운다.   🔊 I _____ the sauce _____ a pot.

07 나는 소금과 후추를 넣는다.   🔊 I _____ some _____ and pepper.

08 나는 스파게티의 물을 뺀다.   🔊 I _____ the spaghetti.

09 이것은 완성되었다.   🔊 It is _____ .

10 이것은 맛이 있다.
이것은 맛이 없다.   🔊 It _____ good.
It tastes _____ .

▶ 정답은 p.174를 확인하세요.

강의 및 훈련 MP3

DAY 19

하루에 표현 10개
현금 인출하기

급하게 현금이 필요할 때 현금인출기(ATM)에서 돈을 인출하는 나의 모습을 떠올려 보세요. 기계에 카드를 집어 넣고 비밀번호를 입력하는 등 현금을 인출할 때 쓰이는 다양한 표현들을 알아보겠습니다. 귀를 열고 소리에 집중하면서 천천히 말해 보세요.

 (1분) **핵심 정리** : 현금을 인출하는 것과 관련된 표현　　　　🎧 In 19-1.mp3

01 need cash	**02** go to an ATM	**03**  take my debit card out of my wallet
04  insert the card into the ATM	**05** ask for my PIN	**06** enter my PIN
07  press keys on the keypad		
08  enter the amount of money I need	**09**  return my card	**10**  get my money

01 현금이 필요하다　　　　　　02 현금인출기로 가다　　　　　　03 내 지갑에서 체크카드를 꺼내다

04 현금인출기 안으로 카드를 넣다　05 내 비밀번호를 요청하다　　　06 내 비밀번호를 입력하다

07 번호판 위의 버튼을 누르다　　　08 내가 필요한 돈의 액수를 입력하다　09 내 카드를 돌려주다

10 돈을 받다

139

집중 훈련 : 보고 듣고 따라 하면서 표현을 내것으로 만드세요.

Step 1 **이미지 연상하기** 👁	Step 2 **하나하나 끊어서 듣기** 👂
01	나는 　필요하다 　　현금이.
02	나는 　간다 　　현금인출기로.
03	나는 　꺼낸다 　　내 체크카드를 　　　내 지갑 밖으로.
04	나는 　넣는다 　　카드를 　　　현금인출기 안으로.
05	그것은 　요청한다 　　내 비밀번호를.

Step 3 듣고 따라 말하기 👄	Step 4 영어로 말하기 👄
끊어 말하기 ☐☐ 이어 말하기 ☐	
I need cash.	🔊 나는 현금이 필요하다.

I
  go
   to an ATM.
	🔊 나는 현금인출기로 간다.

I
 take
  my debit card
   out of my wallet.
	🔊 나는 지갑에서 체크카드를 꺼낸다.

I
  insert
   the card
    into the ATM.
	🔊 나는 현금인출기에 카드를 넣는다.

It
  asks for
   my PIN.
	🔊 그것은 내 비밀번호를 요청한다.

| 06 | | 나는
　입력한다
　　내 비밀번호를. |

| 07 | | 나는
　누른다
　　버튼을
　　　번호판 위의. |

| 08 | | 나는
　입력한다
　　돈의 액수를
　　　내가 필요한. |

| 09 | | 기계는
　돌려준다
　　내 카드를. |

| 10 | | 나는
　받는다
　　내 돈을. |

끊어 말하기 ☐☐
이어 말하기 ☐

I
enter
my PIN.

🔊 나는 비밀번호를 입력한다.

I
press
keys
on the keypad.

🔊 나는 번호판의 버튼을 누른다.

I
enter
the amount of money
I need.

🔊 나는 내가 필요한 돈의 액수를
입력한다.

The machine
returns
my card.

🔊 기계는 내 카드를 돌려준다.

I
get
my money.

🔊 나는 돈을 받는다.

Step 1 우리말 보면서 듣기 🎧	Step 2 5초 안에 말해보기 👄 (막힐 때는 써보세요.)
01 나는 현금이 필요하다.	🔊 I need _____.
02 나는 현금인출기로 간다.	🔊 I _____ _____ an ATM.
03 나는 지갑에서 체크카드를 꺼낸다.	🔊 I _____ my _____ card _____ of my _____.
04 나는 현금인출기에 카드를 넣는다.	🔊 I _____ the card _____ the ATM.
05 그것은 내 비밀번호를 요청한다.	🔊 It _____ for my _____.
06 나는 비밀번호를 입력한다.	🔊 I _____ my PIN.
07 나는 번호판의 버튼을 누른다.	🔊 I _____ keys _____ the keypad.
08 나는 내가 필요한 돈의 액수를 입력한다.	🔊 I _____ the _____ of money I _____.
09 기계는 내 카드를 돌려준다.	🔊 The machine _____ my _____.
10 나는 돈을 받는다.	🔊 I _____ my money.

▶ 정답은 p.175를 확인하세요.

DAY 20

하루에 표현 10개

패스트푸드점 이용하기

강의 및 훈련 MP3

여러분은 패스트푸드점에 자주 가나요? 좋아하는 패스트푸드점에 가서 주문을 하고 음식을 받은 후 먹는 모습까지 떠올려 보세요. 상황 하나하나의 이미지를 떠올리면서 반복해서 듣고 내뱉어 보세요. 급하지 않게 천천히 같이 해 보겠습니다.

 핵심 정리 ː 패스트푸드점을 이용하는 것과 관련된 표현

🎧 In 20-1.mp3

01
go to a fast food restaurant

02
stand in line

03
look at the menu

04
order my food and drink at the counter

05
crispy/soggy French fries

06
take some paper napkins and a straw

07
say "For here" / eat in the restaurant

08
say "To go" / eat outside the restaurant

01 패스트푸드점에 가다
04 카운터에서 내 음식과 음료를 주문하다
07 "여기서요"라고 말하다 / 식당 안에서 먹다

02 줄을 서다
05 바삭한/눅눅한 감자튀김
08 "가져갈게요"라고 말하다 / 식당 밖에서 먹다

03 메뉴를 보다
06 종이 냅킨과 빨대를 챙기다

145

Step 1 이미지 연상하기 👁	Step 2 하나하나 끊어서 듣기 🎧
01	나는 간다 패스트푸드점에.
02	나는 선다 줄에.
03	나는 본다 메뉴를.

04	나는
	 주문한다
	  내 음식과 음료를
	   카운터에서.

05	**바삭한/눅눅한** 감자튀김

Step 3 듣고 따라 말하기 😊	Step 4 영어로 말하기 😊

끊어 말하기 ▢▢
이어 말하기 ▢

I
 go
  to a fast food restaurant.

🔊 나는 패스트푸드점에 간다.

I
 stand
   in line.

🔊 나는 줄을 선다.

I
 look at
   the menu.

🔊 나는 메뉴를 본다.

I
 order
   my food and drink
      at the counter.

🔊 나는 카운터에서 음식과 음료를 주문한다.

crispy/soggy
   French fries

🔊 바삭한/눅눅한 감자튀김

06

나는

  챙긴다

    종이 냅킨과 빨대를.

07

나는

  말한다

    "여기서요."

08

나는

  먹는다

    식당 안에서.

09

나는

  말한다

    "가져갈게요."

10

나는

  먹는다

    식당 밖에서.

끊어 말하기 ☐ ☐

이어 말하기 ☐

I

take

some paper napkins and a straw.

🔊 나는 종이 냅킨과 빨대를 챙긴다.

I

say

"For here."

🔊 나는 "여기서요."라고 말한다.

I

eat

in the restaurant.

🔊 나는 식당 안에서 먹는다.

I

say

"To go."

🔊 나는 "가져갈게요."라고 말한다.

I

eat

outside the restaurant.

🔊 나는 식당 밖에서 먹는다.

Step 1 **우리말 보면서 듣기** 🎧	Step 2 **5초 안에 말해보기** 😊 (막힐 때는 써보세요.)
01 나는 패스트푸드점에 간다.	🔊 I go to a ＿＿＿＿＿＿ restaurant.
02 나는 줄을 선다.	🔊 I ＿＿＿＿ in ＿＿＿＿.
03 나는 메뉴를 본다.	🔊 I ＿＿＿＿＿＿ the menu.
04 나는 카운터에서 음식과 음료를 주문한다.	🔊 I ＿＿＿＿ my food and drink ＿＿＿＿ the ＿＿＿＿.
05 바삭한 감자튀김 눅눅한 감자튀김	🔊 ＿＿＿＿ French fries ＿＿＿＿ French fries
06 나는 종이 냅킨과 빨대를 챙긴다.	🔊 I ＿＿＿＿ some paper ＿＿＿＿ and a ＿＿＿＿.
07 나는 "여기서요."라고 말한다.	🔊 I say "＿＿＿＿＿＿."
08 나는 식당 안에서 먹는다.	🔊 I ＿＿＿＿＿＿ the restaurant.
09 나는 "가져갈게요."라고 말한다.	🔊 I say "＿＿＿＿＿＿."
10 나는 식당 밖에서 먹는다.	🔊 I eat ＿＿＿＿ the ＿＿＿＿.

▶ 정답은 p.176을 확인하세요.

150

TEST

30초 영어 말하기 표현
중간점검 DAY 16~20

훈련 MP3

5일 동안 배운 다양한 표현들이 익숙해졌는지 확인해 보겠습니다. 처음에는 편하게 해보고, 그다음부터는 타이머를 맞춰서 10초 안에 최소 5문장이 입에서 나올 수 있도록 긴장감을 가지고 훈련해 봅니다.

🎧 In 20-4.mp3

● **3초 안에 말해보기** 😀 (막힐 때는 써보세요.)

01
나는 고양이에게 밥을 준다.
나는 고양이를 쓰다듬는다.
나는 강아지에게 목줄을 채운다.

02
나는 강아지를 산책시킨다.
그는 내 물건들을 물어뜯는다.
그는 꼬리를 흔든다.

03
나는 집을 청소한다.
나는 진공청소기로 카펫을 청소한다.
나는 바닥을 쓴다.

04
나는 욕조를 문질러 닦는다.
나는 쓰레기통을 비운다.
나는 쓰레기를 내다 버린다.

05
나는 누군가를 위해 요리한다.
나는 물을 끓인다.
나는 냄비에 소스를 데운다.

06	나는 소금과 후추를 넣는다. 나는 냄비에 뚜껑을 덮는다. 이것은 완성되었다.	🔊
07	나는 현금인출기에 간다. 나는 지갑에서 체크카드를 꺼낸다. 나는 현금인출기에 카드를 넣는다.	🔊
08	나는 비밀번호를 입력한다. 나는 내가 필요한 돈의 액수를 입력한다. 기계는 내 카드를 돌려준다.	🔊
09	나는 줄을 선다. 나는 메뉴를 본다. 나는 카운터에서 음식과 음료를 주문한다.	🔊
10	나는 "여기서요."라고 말한다. 나는 "가져갈게요."라고 말한다. 나는 종이 냅킨과 빨대를 챙긴다.	🔊

▶ 정답은 p.176을 확인하세요.

{ INPUT }
정답과 주요 표현 정리

Check the Answers & Useful Expressions

Day별 응용 말하기와 중간점검의 정답, 그리고 INPUT에 나온 중요한 표현들을 해설과 함께 정리했습니다. 표현의 미묘한 뉘앙스 차이를 알아둘 필요가 있거나 알아두면 스피킹에 큰 도움되는 표현의 용법 또는 개별 단어의 의미를 자세히 정리했어요. 이미 알고 있는 내용은 그냥 건너뛰고 새로운 정보들만 흡수하시면 됩니다. 모르는 표현은 빈칸에 ☑ 표시하고 나중에 다시 복습하시는 것도 추천합니다.

내가 습관적으로 하는 행동을 말할 때는 동사의 현재형을 씁니다. 주어는 물론 I를 쓰고 뒤에 동사의 현재형을 붙여 주면 되죠.

☐ wake up 잠에서 깨다

- wake up은 잠에서 깨서 눈을 뜬다는 뜻이고요, get up은 잠자리에서 일어난다는 의미입니다. 하지만 실제로는 혼용하죠. wake up이라고 할 자리에 get up도 사용하고, get up이라고 해야 하는 경우에 wake up을 쓰기도 한다는 의미입니다. I wake up at seven.은 나는 습관적으로 7시에 잠에서 깬다는 뜻이죠.
- I wake up at seven.처럼 콕 집어 '~시에'라고 시간을 말하고 싶을 때는 전치사 at을 쓴다는 것도 집고 넘어가죠.

☐ go to school 학교에 다니다

- school에 가는 목적은 공부를 하기 위해서죠. church에 가는 목적은 기도를 하거나 예배를 드리기 위해서고요. 이렇게 원래의 목적을 위해서 school이나 church에 갈 때는 그 앞에 the나 a 같은 관사를 붙이지 않아요. 그러나 다른 목적으로, 즉 누구를 만나러 학교나 교회에 간다고 할 때는 관사를 붙인답니다.

☐ put on 입다, 쓰다, 신다, 끼다

- 우리는 옷은 '입다', 모자는 '쓰다', 장갑은 '끼다', 신발은 '신다' 등으로 구별하지만, 영어로는 모두 put on을 씁니다. 안경을 쓴다고 할 때도 put on을 사용한답니다. 하여간 몸에 부착할 때는 모두 put on을 쓰면 되니까 편하죠? '벗다'는 take off를 씁니다.
- 그래서 '난 신발을 신는다.'는 말은 I put on my shoes.라고 하면 되죠. 이때 신발은 두 개가 한 짝이기 때문에 항상 복수형 shoes로 쓴다는 것도 눈여겨 보세요.

☐ wash one's hands 손을 씻다 & wash one's hair 머리를 감다

- 세수를 하든 손을 씻든 머리를 감든 영어로는 모두 '씻다'는 의미의 동사 wash를 사용하면 됩니다. 그래서 '세수를 하다'는 wash one's face, '손을 씻다'는 wash one's hands, '머리를 감다'는 wash one's hair라고 하면 되죠.
- 손을 씻는다고 할 때는 두 손을 씻는 것이니까, 손은 복수형인 hands로 써서 wash one's hands가 됩니다.

☐ leave for work 출근하다 & leave for school 등교하다

- leave는 자리를 뜨다, 나서다, 떠난다는 의미입니다. 어디로 가려고 떠나는지를 밝혀주고 싶다면, for를 쓴 다음에 목적지를 나타내면 되죠. 출근하려고 집을 나서는 거면 leave for work라고 하면 되는데, 이때 주의할 점은 관사를 붙이지 않고 그냥 work만 쓰면 된다는 거예요. 등교할 때는 leave for school이라고 하면 되고요.

☐ go vs leave

- 둘 다 '간다, 떠난다'란 뜻이지만, go는 어디에 '간다'는 동작에 초점이, leave는 어디에서 '나선다'는 동작에 초점이 맞춰진 표현이란 것만 알면 되겠어요.

01 I * wake up.

03 I * wash * my hands.

05 I * eat * breakfast.

07 I * wash * my hair.

09 I * leave * for work.

02 I * go * to school.

04 I * eat * an apple.

06 I * wake up * at 7.

08 I * put on * my shoes.

10 I * leave * for school.

| DAY 02 | 나 말고 걔 | p.45

어떤 행동을 하는 사람이 '나'나 '너'가 아니라 '그' 또는 '그녀'일 때는 주어는 He 또는 She를 사용하죠. 뒤에 나오는 동사는 원형에 -(e)s를 붙입니다.

☐ **wakes up** 잠에서 깨다

- 내가 잠에서 깬다는 I wake up이지만, 그녀가 잠에서 깬다는 She wakes up입니다. 주어는 She로, 동사는 wake에 -s를 붙인 wakes가 되죠.

☐ **puts on** 입다, 쓰다, 신다, 끼다

- 내가 입거나, 쓰거나, 신거나 낄 때는 I put on이지만, 그가 입거나, 쓰거나, 신거나, 낄 때는 주어를 He로 하고, 동사는 put에 -s를 붙인 puts를 사용해서, He puts on이라고 합니다.

☐ **washes his/her hands** 손을 씻다 **& washes his/her hair** 머리를 감다

- 내가 손을 씻거나 머리를 감을 때는 wash my hands, wash my hair라고 하면 되죠? 그런데 그나 그녀가 자기 손을 씻거나 머리를 감는다고 할 때는 wash 뒤에는 -es를 붙이고, my 자리에는 his/her를 써야 합니다. He washes his hands. 또는 She washes her hair.처럼 말이죠.

01 He * wakes up.

03 He * washes * his hands.

05 She * wakes up * at 7.

07 She * leaves * for school.

09 She * eats * breakfast.

02 She * goes * to school.

04 She * eats * an apple.

06 He * puts on * his shoes.

08 He * washes * his hair.

10 He * leaves * for work.

이미 일어난 일, 즉 과거에 대한 일을 말할 때는 주어 다음에 동사의 과거형을 사용해요. 그래서 나는 '7시에 일 어났다'고 할 때는 I wake up at seven.이 아니라, wake의 과거형인 woke를 사용해서 I woke up at seven.이라고 하죠. 그런데 동사의 과거형에는 두 가지가 있습니다. 하나는 규칙적인 변화를 하는 것이죠. 이것 은 동사의 원형에 -ed를 붙이면 돼요. wash는 washed라고 하면 되죠. 또 하나는 불규칙적으로 변화하는 거 예요. eat(먹다)의 과거형이 ate인 것처럼요. 이런 불규칙 동사는 말 그대로 불규칙적으로 변하기 때문에 접할 때 마다 외워둬야 합니다.

☐ wake - woke

• wake의 과거형은 woke입니다. woke의 발음은 [wouk]이죠.

☐ eat - ate

• eat의 과거형은 ate입니다.

☐ go - went

• go의 과거형은 went입니다. 원래의 모습은 흔적도 없이 완전 싹 변신하네요.

☐ put - put

• put이란 동사는 원형과 과거형이 같습니다. 즉 put의 과거형은 그대로 put이란 거죠.

☐ leave - left

• leave의 과거형은 left이고요. 이것은 왼쪽이라는 left와 철자가 같죠? 따라서 문장 속에서 이것이 leave의 과거형 인지, 왼쪽을 나타내는 left로 쓰인 것인지 구별해야 됩니다. 즉 문맥을 파악해서 구별할 줄 알아야 하는 것이죠.

⏱ 2분 응용 말하기

01 I * woke up.
03 He * washed * his hands.
05 He * ate * an apple.
07 I * washed * my hair.
09 He * left * for school.

02 She * went * to school.
04 I * ate * breakfast.
06 She * woke up * at 7.
08 She * put on * her shoes.
10 I * left * for work.

지금까지는 '~한다, 했다' 등처럼 무엇을 긍정하는 표현을 살펴봤죠? 그렇다면 '~하지 않는다, ~하지 않았다'라 는 표현도 살펴봐야겠죠? 즉 부정문을 익힐 차례가 된 거예요.

☐ I don't + 동사원형

- 주어가 I일 때는 주어 다음에 do not을 붙이고, 다음에 동사의 원형을 넣어주면 됩니다. '난 7시에 잠에서 깬다.'라고 할 때는 I wake up at seven.이지만 '난 7시에 잠에서 깨지 않는다.'라고 부정문으로 말하고 싶으면 I do not wake up at seven.이라고 말하면 되죠. 그런데 do not은 보통 don't로 줄여서 말하니까, I don't wake up at seven.이라고 하면 됩니다.

☐ He/She doesn't + 동사원형

- 주어가 He나 She일 때는 주어 다음에 does not을 붙인 다음 동사의 원형을 넣어주면 되죠. 긍정형처럼 -es를 붙이는 게 아니라 원형 그대로 사용한다는 데에 주의해야 됩니다. '그녀는 7시에 잠에서 깹니다.'는 She wakes up at seven.이지만, '그녀는 7시에 잠에서 깨지 않습니다.'는 She does not wake up at seven.이라고 합니다. 동사는 wakes가 아니라 원형인 wake가 쓰였죠? 그런데 does not은 보통 doesn't로 줄여서 말하니까, She doesn't wake up at seven.이라고 말하면 됩니다.

☐ I/He/She didn't + 동사원형

- 과거형은 좀 간단해요. 주어에 상관없이 did not을 붙이고 동사원형을 넣어주면 되거든요. 즉 I did not wake up at seven. 또는 He/She did not wake up at seven.이라고 하면 되죠. did not 역시 보통 didn't로 줄여서 말하니까, I didn't ~, He didn't ~, She didn't ~로 말을 시작하면 됩니다.

01 I * don't * wake up.

02 I * don't * go * to school.

03 I * don't * wash * my hands.

04 I * don't * eat * breakfast.

05 I * didn't * eat * an apple.

06 I * didn't * wake up * at 7.

07 She * doesn't * wash * her hair.

08 He * doesn't * put on * his shoes.

09 She * didn't * leave * for school.

10 He * didn't * leave * for work.

| DAY 05 | ~하니? ~했니? | p.57

이제는 물어보는 말, 즉 의문문을 익혀 볼까요? '너는 아침밥을 먹니?'라든가 '너는 아침밥을 먹었니?'라고 물어봅시다. 또는 '그녀는 아침밥을 먹니?'라든가 '그녀는 아침밥을 먹었니?'라고 물어보도록 하죠.

☐ Do you + 동사원형?

- '너는 아침밥을 먹니?'라고 물어보고 싶으면, 먼저 Do를 내놓고 다음에 you eat breakfast?를 붙이면 됩니다. 끝은 올리고요. Do you eat breakfast? 이렇게요. 참 쉽죠?

☐ Does he/she + 동사원형?

- 주어가 He나 She인 경우는 Do가 아니라 Does를 씁니다. 다음에는 주어인 he/she가 오고, 그 다음에는 동사가 오면 되는데, 이때는 동사에 -es를 붙인 게 아니라 그냥 동사의 원형을 써주면 되죠. Does she eat breakfast?(그녀는 아침밥을 먹니?) 이렇게요.

☐ Did you/he/she + 동사원형?

- 자, 이번에는 과거형으로 물어볼까요? 과거형은 주어에 관계없이 무조건 Did가 와요. 그리고 주어와 동사원형을 붙여주면 되죠. Did you/he/she eat breakfast? 동사는 과거형이 아니라, 원형이 온다는 것에 주의하세요.

2분 응용 말하기

01 Do you * wake up?	**02** Does she * go * to school?
03 Does he * wash * his hands?	**04** Does she * eat * breakfast?
05 Does he * eat * an apple?	**06** Did you * wake up * at 7?
07 Did she * wash * her hair?	**08** Did he * put on * his shoes?
09 Did she * leave * for school?	**10** Did he * leave * for work?

| TEST | 중간점검 DAY 01~05 p.61

5일 동안 배운 다양한 표현들에 익숙해졌나요? 다음의 정답을 확인하며, 아직 바로 바로 입에서 튀어나오지 않는 문장에는 체크해 두었다가 틈틈이 반복 훈련해 보세요.

01 I * wake up.
He * doesn't * put on * his shoes.
She * left * for work.

02 He * washes * his hands.
I * don't * eat * an apple.
Did she * wash * her hair?

03 I * put on * my shoes.
Did she * leave * for school?
He * woke up * at 7.

04 I * don't * wake up * at 7.
Do you * eat * an apple?
He * didn't * put on * his shoes.

05 I * ate * an apple.
She * didn't * leave * for work.
Did you * wake up * at 7?

06 She * leaves * for work.
Does she * eat * breakfast?
I * wash * my hair.

07 Did he * eat * an apple?
I * washed * my hands.
I * don't * go * to school.

08 He * eats * an apple.
I * didn't * wake up * at 7.
Did he * leave * for work?

09 Does she * go * to school?
I * didn't * eat * breakfast.
He * doesn't * wash * his hair.

10 Did you * eat * breakfast?
I * woke up * at 7.
She * didn't * leave * for school.

'누가 ~할 때', '누가 ~였을 때'라고 말해야 되는 경우가 있죠? 이렇게 특정한 시점을 나타내고 싶을 때 가장 흔히 쓰는 접속사가 when입니다. when을 어떻게 활용하면 되는지 익혀 볼까요?

☐ when 주어 + 동사

- when은 '~할 때, ~였을 때'처럼 언제인지 특정 시점을 밝힐 때 필요한 접속사입니다. 예를 들어, '언제냐면 when' '내가 I' '일어날 때 wake up', when I wake up(내가 일어날 때)처럼 쓰이죠. '내가 머리를 감았을 때'나 '그녀가 등교했을 때' 등, 과거에 무슨 일을 했을 때라고 말하려면 역시 when을 먼저 내놓은 다음에 주어와 동사를 붙여주면 되죠. 과거의 일이니까 동사는 물론 과거형을 써야겠죠? 그래서 '내가 머리를 감았을 때'는 when I washed my hair라고 하면 되고, '그녀가 등교했을 때'는 when she left for school이라고 하면 됩니다.

2분 응용 말하기

01	when * I * woke up	**02**	when * he * went * to school
03	when * she * washed * her hands	**04**	when * I * ate * breakfast
05	when * he * ate * an apple	**06**	when * she * woke up * at 7
07	when * I * washed * my hair	**08**	when * he * put on * his shoes
09	when * she * left * for school	**10**	when * I * left * for work

---

빈도란 어떤 일을 얼마나 자주 하는지 나타내는 말이죠. 내가 항상 아침 7시에 일어나는지, 주로 그런지, 어쩌다 그런지, 거의 그러지 않는지, 전혀 그러지 않는지, 일요일마다 그런지 등등, 빈도를 나타내는 표현을 익혀 보기로 해요.

☐ always 항상 & usually 주로, 보통 & sometimes 어쩌다, 가끔

- always는 언제나 무슨 행동을 한다는 의미고, usually는 어떤 행동을 언제나 하지는 않지만 주로, 대개 한다는 의미죠. sometimes는 어쩌다, 가끔 한다는 뜻입니다. 그래서 I always wake up at seven.은 항상 아침 7시에 눈을 뜬다는 뜻이지만, I usually wake up at seven.은 보통 7시에 잠에서 깬다는 의미랍니다. I sometimes wake up at seven.은 어쩌다 7시에 깬다는 뜻이고요.

☐ rarely 거의 ~하지 않는 & never 전혀[절대] ~하지 않는

- 반면에 rarely는 무엇을 거의 하지 않는다는 부정의 어감을 갖는 말이랍니다. never는 아예 전혀 하지 않는다는 뜻이고요. 그래서 I rarely eat breakfast.는 '나는 거의 아침을 먹지 않는다.'는 의미입니다. not이 들어가 있지는 않지만, 부정의 의미를 전달하죠. I never eat breakfast.는 '나는 전혀 아침을 먹지 않는다.'는 전적인 부정을 나타내죠.

☐ **every Sunday** 일요일마다

- 교회는 보통 일요일에 가죠? 그래서 '그녀는 일요일마다 교회에 간다.'는 She goes to church every Sunday. 라고 하면 됩니다. '그는 주말마다 산에 간다.'는 He goes hiking every weekend.라고 하면 되고요. '산에 간다' 는 것은 보통 go hiking이라고 해요. go climbing은 주로 암벽 등반 등 전문적인 등산을 말하고요.

☐ **at 10 a.m.** 오전 10시에

- '~시에'라고 말할 때는 전치사 at을 쓴다고 했죠? 그런데 오전인지 오후인지를 명확하게 언급해 주고 싶다면? 네, 그렇습니다. 오전이라고 집어주고 싶을 때는 시간 뒤에 a.m.을 오후라고 집어주고 싶을 때는 시간 뒤에 p.m.을 덧 붙이면 되죠.

2분 응용 말하기

01 I * always * go * to school.
02 He * goes * to church * every Sunday.
03 She * rarely * washes * her hair.
04 I * sometimes * eat * breakfast.
05 He * never * eats * breakfast.
06 I * usually * wake up * at 7.
07 She * never * washes * her hands.
08 He * usually * leaves * for work * at 8.
09 I * wake up * at 10 a.m. * every Sunday.
10 He * sometimes * washes * his hair.

| DAY 08 | 문장 연결하기 p.71

문장과 문장, 또는 단어와 단어를 연결할 때는 접속사라는 것이 필요하죠. '나는 아침을 먹고 출근한다.' '그녀는 학교에 갔지만 나는 출근했다.' '나는 아침을 먹어서 배가 고프지 않다.' 등등의 의미를 전달할 때는 and, but, so라는 접속사가 쓰인답니다.

☐ **and** 그리고

- '나는 아침을 먹고 출근한다.'는 I eat breakfast와 I go to work를 연결하면 되죠. 그런데 둘 다 주어가 I이니까 뒤의 것은 생략하고 I eat breakfast and go to work.라고 하면 되겠죠? 결국 and는 동사와 동사를 연결하게 됐네요.

☐ **but** 그러나

- '그녀는 학교에 갔지만 나는 출근했다.'는 She went to school과 I went to work를 연결하면 되겠죠? 그런데 접속사는 '그리고'에 해당되는 and가 아니라 '그러나'의 의미인 but이 어울리죠. 그리고 주어가 다르니 생략하지 말 고 그대로 써주어. She went to school, but I went to work.라고 하면 됩니다.

☐ **so** 그래서

- '나는 아침을 먹어서 배가 고프지 않아.'는 I ate breakfast와 I am not hungry를 연결시키면 되는데, 이때는 '그 래서'라는 의미를 나타내는 so로 연결시키면 됩니다. I ate breakfast, so I am not hungry.

01 I * wake up * and * go * to school.

02 I * go * to school, * but * he * doesn't * go * to school.

03 She * washes * her hands * but * doesn't * eat * breakfast.

04 I * eat * breakfast and * go * to work.

05 He * washes * his hands * and * eats * an apple.

06 She * puts on * her shoes * and * goes * to school.

07 I * woke up * at 10, * so * I * didn't * go * to school.

08 She * went * to school, * but * I * went * to work.

09 I * ate * breakfast, * so * I * am not * hungry.

10 He * woke up * at 7 * and * went * to school * at 8.

| DAY 09 | 위치 설명하기 p.75

무엇이든 다른 것과 관계를 맺으며 존재하고 있죠? 이번에는 그 관계 중에서 위치에 관련된 것을 알아보기로 해요. 즉, 무엇의 앞에, 뒤에, 어디에 가까이, 멀리, 어디와 어디 사이에, 무엇 바로 옆에, 어디 건너편, 어디와 어디가 교차하는 모퉁이 등등 위치를 나타내는 전치사를 살펴보기로 합니다.

☐ **in front of** ~ 앞에 **& behind** ~ 뒤에

- 어디의 앞에는 in front of, 뒤에는 behind로 나타내면 됩니다. 그래서 '공원은 학교의 앞에 있다.'는 The park is in front of the school.이라고 하면 되고, '공원은 학교의 뒤에 있다.'는 The park is behind the school.이라고 하면 되죠. 참고로, park는 '공원'이란 의미로도 쓰이고, '주차하다'란 의미로도 쓰입니다.

☐ **close to** ~ 가까이에 **& far from** ~에서 멀리

- 어디에 '가까이'는 close to, 어디에서 '멀리'는 far from을 씁니다. 그래서 '지하철역은 식품점에서 가깝다.'는 The subway station is close to the grocery store.라고 하면 되고, '우리집은 공원에서 멀다.'는 My house is far from the park.라고 하면 되죠.

☐ **between A and B** A와 B 사이에

- 사이에 끼어 있는 위치를 말할 때는 between A and B를 쓰면 됩니다. 예를 들어, '은행은 우체국과 식료품점 사이에 있다.'는 '은행은 있다 The bank is', '우체국과 식료품점 사이에 between the post office and the grocery store'가 되는 것이죠. 'bank 은행, post office 우체국, grocery store 식료품점', 요 단어들은 모두 알고 있죠?

☐ **next to** ~ 바로 옆에

- 어디 '바로 옆에'는 〈next to + 어디〉로 나타내면 됩니다. 그래서 '우체국 바로 옆에 은행이 있다.'는 There is a bank next to the post office.라고 하면 되죠.

☐ **across** ~ 건너편에

- 어디 '건너편에'는 across를 씁니다. across the street(길 건너편에)처럼 말예요. 그래서 '길 건너편에 버스 정류장이 있다.'는 There is a bus stop across the street.라고 하면 됩니다. '버스 정류장'은 bus stop이라고 한다는 것도 알아두세요.

☐ **on the corner of** ~의 모퉁이에

- 두 거리가 교차하는 '모퉁이에'는 on the corner of로 나타내면 됩니다. 그래서 '식료품점은 스프링 가와 로즈 로가 교차하는 모퉁이에 있다.'는 The grocery store is on the corner of Spring Street and Rose Road.라고 하면 되죠.

☐ **There is A 전치사 B** A는 B ~에 있다

- 앞서 다양한 예문을 통해 확인한 바와 같이 A라는 장소의 위치를 나타내는 방법에는 '~이 있다'는 의미의 There is A 패턴을 써도 좋습니다. There is A 뒤에 위치를 나타내는 전치사 표현을 덧붙여 말하면 되죠. 단, 이때 There is 뒤에는 단수명사가 와야 합니다. 복수형을 쓰려면 There are ~로 말을 시작하면 되고요.

☐ **my house** 우리 집

- 우리말은 '우리 집', '우리 엄마', '우리 강아지', '우리 고양이'처럼 말하는 경우가 많지만, 영어에서는 my house, my mom, my dog, my cat처럼 말하는 경우가 많습니다. 물론 영어에서도 our house라고도 말할 수 있습니다. 그런데 우리가 '내 집'보다는 '우리 집'을 더 자주 쓰는 것처럼 영어에서는 보통 our house보다는 my house라고 말하는 경우가 흔하다는 것이죠.

2분 응용 말하기

01 There * is * a bank * next to * the post office.

02 The library * is * on the corner of * Spring Street * and * Dale Road.

03 My house * is * far from * the park.

04 The park * is * behind * the school.
The park * is * in front of * the school.

05 There * is * a bus stop * across * the street.

06 The grocery store * is * on the corner of * Spring Street * and * Rose Road.

07 The subway station * is * next to * the grocery store.

08 The grocery store * is * close to * the subway station.

09 There * is * a bus stop * in front of * the school.

10 The bank * is * between * the post office * and * the grocery store.

내가 느끼는 감정을 제대로 표현할 수 있으면 인생살이가 좀 편안해지겠죠? 그런 의미에서 '난 기분 좋아.' '난 너무 슬퍼.' '짜증나.' 등등 내 감정을 솔직히 표현해 보기로 해요.

☐ **I am/feel + 감정 및 기분 형용사** (감정/기분이) ~하다

- 좋은 감정이든 나쁜 감정이든 기분이나 감정을 나타내는 가장 간단한 방법은 I am 또는 I feel을 던져놓고 감정이나 기분을 나타내는 형용사를 말해주면 됩니다. I am ~은 그런 감정이나 기분이 드는 상태라는 어감이고, I feel ~은 그런 감정이나 기분을 '느낀다'는 어감이죠.
- 감정이 '너무, 정말' 어떤 상태라고 말하고 싶을 때는 I feel so good.(기분이 정말 좋아.), I'm so sad.(너무 슬퍼.)처럼 형용사 앞에 so를 넣어보세요.

☐ **I am/feel good.** 기분이 좋다. **vs**

I am/feel happy. 기쁘다[행복하다]. **vs**

I am/feel fine. 기분이 괜찮다.

- I am/feel 뒤에 good을 쓰면 일반적으로 기분이 좋다는 의미입니다. happy를 쓰면 그야말로 행복하고 기쁘다는 의미이고, fine은 기분이 뭐 좋아서 좋다는 게 아니고 별일 없이 괜찮은 상태다라는 의미를 전달하게 되죠.

☐ **I am/feel sick.** ❶ 몸이 안 좋다. 아프다. ❷ 속이 메슥거린다. 토할 것 같다.

- sick에는 '아픈'이란 의미도 있지만, '속이 울렁거리고 토할 것 같은' 상태를 의미하기도 합니다. 그래서 일반적으로 '몸이 좀 안 좋은 거 같아.'라고 할 때도 I am/feel sick.이라고 할 수 있고, '속이 메스꺼워. 토할 거 같아.'라고 할 때도 I am/feel sick.을 쓸 수 있습니다.
- 하나 더! '컨디션이 안 좋다.'고 할 때 쓰는 표현 중에 I am not feeling well.이라는 표현도 있어요. 영어 냄새 팍팍 나는 표현이니까, 문장째 함께 챙겨 두시기 바랍니다.

☐ **excited** 신나는, 기대되는

- 좋은 의미로 '신나고, 흥분되고, 기대되고, 설레는' 감정이 바로 excited입니다.

☐ **embarrassed** 창피하게 하는, 당혹스럽게 하는

- 참 창피해지고 당혹스러워지는 상황, 종종 생기죠? 이럴 때 알아두면 참 유용한 표현입니다. embarrassed는 '창피하게 하는, 당혹스럽게 하는'이란 의미니까, be embarrassed 하면 '창피하다, 당혹스럽다'는 의미가 되죠.

☐ **nervous** 긴장되는

- nervous는 '긴장해서 초조하고 불안한' 감정을 나타내는 기본적이고 일반적인 표현입니다.
- 참고로, '긴장되면서도 설레고 기대되는' 감정은 nervous-excited로 나타내면 되죠. 그래서 '난 긴장되면서도 기대돼.'라고 말하고 싶다면 I am nervous-excited.라고 해보세요.
- 하나 더! 나온 김에 걱정 어린 감정을 나타내는 표현도 함께 집어보고 넘어갈까요? '걱정이 되는' 감정은 worried, 비슷한 표현으로 '걱정스럽고 우려되고 고민이 되는' 감정은 concerned로 나타냅니다. 그래서 '나 걱정돼.'는 I am worried. '나 염려돼. 고민스러워.'는 I am concerned.라고 말하면 되죠.

☐ **frustrated** 짜증 나는 **vs upset** 화나는 **vs annoyed** 성가신

- 굳이 우리말 뜻을 구별해놓긴 했지만, frustrated, upset, annoyed 모두 짜증스런 상황에서 쓸 수 있는 표현입니다.
- frustrated는 자신의 뜻대로 되지 않아서 짜증 나는 감정을 나타내죠.
- upset은 일반적으로 화나고 짜증 나고 괴로운 상태를 나타냅니다.
- annoyed는 잔소리를 듣거나, 모기가 왱왱거리거나, 시끄럽거나 등등의 상황에서 짜증 나는 감정을 나타내죠.

☐ **grateful/thankful** 감사한

- grateful과 thankful의 의미는 같습니다. 다만, grateful이 thankful보다 고급스러운 단어이죠.
- I am grateful/thankful. 하면 '고맙습니다.'라는 의미인데, 누구에게 무엇 때문에 고마운지를 명확하게 밝혀주고 싶다면 I am grateful/thankful to him for many things.(여러 가지로 그분께 감사합니다.)처럼 뒤에 〈to 누구 for 무엇〉을 덧붙이면 됩니다.

☐ **scared** 무서운, 겁먹은

- 세상 무서울 것 없이 살면 얼마나 좋겠습니까마는 신이 아닌 이상 누구든 무서운 감정을 느껴보기 마련입니다. 이럴 때 유용한 표현이 바로 scared이죠. 겁먹고 무서운 감정이 들 때 I am scared.(무서워. 겁나.)라고 말해 보세요.

☐ **shocked** 충격 받은

- 깜짝 놀랄 소식이나 충격적인 상황에서 드는 감정이 바로 shocked입니다. 그래서 '충격적이다. 충격받았다. 놀라도 이만저만 놀란 게 아니다.'라는 감정 표현은 I am shocked.로 하면 되죠.
- 하나 더! 겁을 잔뜩 먹거나 충격적이고 당황스런 상황에 빠졌을 때 제정신을 못 차리고 '당황스럽고 혼란스러운' 감정부터 들 때도 있을 텐데요. 이럴 때 쓰는 표현으로 panicked도 함께 챙겨두세요. 바로 I felt panicked.(너무 당황했어. 완전 멘붕이었어. 패닉 상태였어.)처럼 쓰면 됩니다.

2분 응용 말하기

01 I * feel * good.	02 I * am * excited.
03 I * am * tired.	04 I * am * so sad.
05 I * am * frustrated.	06 I * am * nervous.
07 I * am * sick.	08 I * am * embarrassed.
09 I * am * grateful.	10 I * am * scared.

5일 동안 배운 다양한 표현들에 익숙해졌나요? 다음의 정답을 확인하며, 아직 바로 바로 입에서 튀어나오지 않는 문장에는 체크해 두었다가 틈틈이 반복 훈련해 보세요.

01 when * he * ate * an apple
 There * is * a bus stop * in front of * the bank.
 I * am * so sad.

02 She * never * washes * her hands.
 The subway station * is * on the corner of * Spring Street * and * Dale Road.
 She * went * to school, * but * I * went * to work.

03 The school * is * between * the library * and * the post office.
 I * sometimes * eat * breakfast.
 He * woke up * at 7 * and * went * to school * at 8.

04 My house * is * far from * the park.
 I * am * excited.
 I * woke up * at 10, * so * I * didn't * go * to school.

05 She * washes * her hands * but * doesn't * eat * breakfast.
 There * is * a bus stop * across * the street.
 He * goes * to church * every Sunday.

06 He * sometimes * washes * his hair.
 I * eat * breakfast * and * leave * for work.
 I * am * nervous.

07 when * I * woke up
 I * go * to school, * but * he * doesn't * go * to school.
 I * am * sick.

08 The bank * is * next to * the post office.
 He * rarely * washes * his hair.
 I * am * tired.

09 He * usually * leaves * for work * at 8.
 The grocery store * is * close to * the subway station.
 I * am * embarrassed.

10 when * he * left * for work
 She * wakes up * at 10 a.m. * every Sunday.
 I * feel * good.

누구나 아침에는 해야 되는 일이 많아서 정신 없이 바쁘죠. 안 떠지는 눈을 비비고 일어나야죠, 화장실에 가야죠, 잠자리를 정리해야죠, 씻어야죠, 아침 준비를 해야죠, 등등 너무 많아서 정신이 없지만 여기에서는 본문에서 익힌 표현 중 몇 가지만 좀 더 자세히 살펴보기로 해요.

☐ 알람을 몇 시에 맞춰놓는다고 할 때는 set one's alarm for + 시간

- 알람을 맞춰놓는다고 할 때는 동사 set을 써서 set one's alarm 형태로 쓰는데요, 구체적으로 몇 시로 맞춰놓는지 언급할 때가 많잖아요. 그럴 때는 set one's alarm 뒤에 〈for + 시간〉을 말해주면 됩니다. 전치사 for를 쓴다는 점에 주목해 주세요.

☐ 알람이 울릴 때는 go off

- 알람을 set해 놓으면 제시간에 울리겠죠? 이렇게 알람이 '울린다'를 It goes off.라고 하죠. go off는 '폭발한다, 터진다'이지만, 알람이 '울린다'라는 뜻으로도 많이 쓰이니까 이번 기회에 꼭 익혀 두세요.

☐ 자고 나서 침대를 정리하는 것은 make one's bed

- make one's bed(침대를 정리하다)를 밤에 요를 깔고 이불을 펴며 잠자리를 준비하는 것으로 착각하는 사람들이 있어요. 그런데 침대를 사용하는 영어권에서는 요를 깔고 이불을 펼 일은 없죠. 이것은 아침에 일어나서 침대를 정리하는 것을 뜻해요. 밤에 쏙 들어가서 잘 수 있게요.

☐ 이를 닦는다고 할 때는 tooth가 아니라 복수형 teeth로 쓸 것

- '이를 닦는다, 양치한다'는 말은 brush one's teeth로 나타냅니다. 이때 이는 하나만 닦는 게 아니라 이 전체를 닦는 것이니까, tooth가 아니라 복수형 teeth로 써야 하죠. brush one's teeth, 아예 통째 입에 익혀 두도록 하세요.

☐ 나가려고 옷을 차려입는 것은 get dressed

- 옷을 '입다'는 말로 가장 일반적인 표현은 wear입니다. 그런데 그냥 뭐 무조건 입기만 하면 됐지가 아니라, 좀 신경 써서 차려 입는 경우에는 get dressed라는 표현을 쓰죠. 주로 약속이 있거나 중요한 자리에 갈 때 우리는 get dressed를 하게 되지요?

2분 〔응용 말하기〕

01 I * set * my alarm * for 7.	**02** It * goes off.
03 It * doesn't * go off.	**04** I * sleep in.
05 I * make * my bed.	**06** I * brush * my teeth.
07 I * take * a shower.	**08** I * skip * a shower.
09 I * get dressed.	**10** I * wear * the same clothes * as yesterday.

166

자, 이번에는 버스를 기다렸다가(wait for the bus), 타고(get on the bus), 내리는(get off the bus) 동작과 같이 버스를 이용할 때 유용한 표현들을 살펴보기로 해요. 쉬울 것 같지만 의외로 까다롭답니다.

☐ 무엇을/누구를 기다린다고 할 때는 for를 빼먹지 말 것

- 버스든 사람이든 '기다린다'고 할 때는 wait를 금방 떠올릴 겁니다. 그런데 이때 for를 빼먹으면 안 됩니다. 그녀를 기다렸다고 할 때 I waited her.라고 하면 안 된다는 의미죠. I waited for her.라고 해야 됩니다. 따라서 '난 버스를 기다렸다.'라고 하고 싶으면 for를 빼먹지 말고 I waited for the bus.라고 합시다. 그 이유는 묻지 마세요. 언어에는 이유가 없습니다. 굳이 이유를 들자면 wait는 자동사이기 때문이죠.

☐ 버스를 타는 것은 get in이 아니라, get on

- 버스나 지하철은 크기 때문에 굳이 허리를 굽히지 않고, 그냥 당당히 서서 들어갑니다. 이렇게 씩씩하게 허리를 곧게 펴고 탈 때는 get on을 씁니다. 그러나 택시나 승용차처럼 작은 차량에 탈 때는 get in을 쓰죠.

☐ 버스에서 내릴 때는 get off

- 버스나 지하철에 탈 때는 get on을 썼으니까, 내릴 때는 get off를 사용해야겠죠? 소형차에서 내릴 때는 get in에 반대되는 get out을 쓰고요.

☐ 자리가 꽉 찬 상태는 full, 자리가 비어 있는 상태는 empty

- 버스의 좌석이 다 찬 상태를 나타낼 때는 '꽉 찬'이란 의미의 full을 쓰면 됩니다.
- 좌석이 '비어 있는' 상태를 나타낼 때는 empty를 쓰면 되죠.

☐ 자리를 양보할 때는 give my seat

- 우리는 보통 '자리를 양보한다'고 얘기하지만, 영어에서는 아주 쉬운 말을 씁니다. 그냥 '주다'는 동사 give를 써서 'give my seat 내 자리를 준다'는 식으로 표현을 하죠.

2분 응용 말하기

01 I * wait for * the <u>bus</u>.

02 I * <u>get on</u> * the bus.

03 The <u>seats</u> * are * <u>full</u>.

04 I * <u>stand</u>.

05 I * <u>hold</u> onto * a <u>strap</u>.

06 A <u>seat</u> * is * <u>empty</u>.

07 I * <u>sit down</u>.

08 I * <u>give</u> * my <u>seat</u>.

09 I * <u>push</u> * the <u>stop</u> button.

10 I * <u>get off</u> * the bus.

대도시에 살면 지하철을 많이 이용하죠? 지하철이나 버스를 이용하는 법은 비슷하니까 이번에는 DAY 12에서 다루지 않은 표현을 살펴보기로 해요.

☐ 교통카드를 찍을 때는 scan one's transit card

- 교통카드를 찍는다는 것을 뭐라고 할지 고민되었나요? 그냥 scan이라고 하면 된답니다. 카드를 단말기에 찍든지, 대든지, 결국은 단말기가 내 카드를 읽은 다음 정보를 받아들여 처리하는 것이니까 scan이란 동사로 해결되죠. '교통카드'는 transit card입니다.

☐ 표지판을 따라갈 때는 follow the signs

- 지하철을 이용할 때는 출구 표지, 환승로 표지, 승강장 표지 등 여러 가지 표지판을 따라가야 하죠. 이때 잡다한 표지판은 모두 sign이라고 하면 되고요, 이 sign들을 따라가는 것은 follow the signs라고 합니다.

☐ 승강장에서 지하철을 기다릴 때는 wait on the platform

- 승강장(platform)에서 지하철을 기다린다고 할 때는 wait on the platform이라고 하면 됩니다. 이때 전치사는 on을 사용한다는 데에 주의하세요. 지하철을 기다린다고 할 때는 wait for the subway이고, 승강장에서 기다린다고 할 때는 wait on the platform이죠.

2분 응용 말하기

01 I * scan * my <u>transit</u> card.	**02** I * <u>follow</u> * the <u>signs</u>.
03 I * <u>wait</u> * <u>on</u> * the <u>platform</u>.	**04** I * <u>get</u> on * the <u>train</u>.
05 The train * is * <u>crowded</u>.	**06** I * <u>find</u> * a <u>seat</u>.
07 I * <u>fall</u> * <u>asleep</u>.	**08** I * miss * <u>my</u> <u>stop</u>.
09 I * <u>get off</u> * at the <u>next</u> <u>stop</u>.	**10** I * <u>walk</u> * <u>for</u> 20 <u>minutes</u>.

대중교통(public transportation)을 이용하지 않는 사람들은 taxi를 타거나 자신의 차를 운전해야겠죠? 버스나 지하철을 이용하는 것과는 달리, 운전해서 가려면 여러 가지 다른 표현들이 기다리고 있습니다.

☐ go straight 직진하다 & turn left/right 좌회전/우회전하다

- 직진은 go straight라고 합니다. 자동차를 몰 때뿐만 아니라 걸어서 갈 때도 직진은 go straight죠. 좌회전할 때는 turn left이고요, 물론 우회전할 때는 turn right라고 합니다. 걸을 때도 마찬가지죠.

p.113

☐ 정지신호 때문에 차를 정지시킬 때는 **stop for a red light**

- 정지신호란 빨간 신호등, 즉 red light를 말하니까, 정지신호를 보고 차를 정지시킬 때는 stop for a red light라고 하면 됩니다. 반대로 정지신호를 무시하고 차를 모는 것은 run through a red light라고 하죠. 신호등이 녹색으로 바뀌는 것은 The light turns green.이라고 합니다.

☐ **pull over** 길가로 차를 대다[세우다]

- 경찰관이 붙잡아서 길가로 차를 댈 때도, 다른 이유로 길가에 차를 댈 때도 모두 pull over면 다 해결됩니다. pull over 자체가 딱 '길가로' 댄다는 의미이기 때문에 영어로 '길가로'를 영작하려고 애쓸 필요 없이 그냥 pull over만 써주면 되는 거죠.

☐ **ticket** 교통규칙 위반 딱지

- 평소 '표, 티켓'이란 말로 많이 썼던 ticket. 도로교통에서는 '교통규칙 위반 딱지'를 의미합니다.
- 그래서 경찰관이 '내게 딱지를 뗀다'고 할 때는 give me a ticket을, 내가 '딱지를 떼었다'고 할 때는 get a ticket 을 쓰면 되죠.

☐ **police officer** 경찰관

- 경찰이라는 조직을 뭉뚱그려 집합적으로 말할 때는 그냥 police라고 하지만, 그 구성원인 '경찰관' 한 명 한 명을 지칭할 때는 police officer라고 합니다.

2분 응용 말하기

01 I * **drive** * my **car**. 02 I * go * **straight**.
03 I * **turn** * left. 04 I * stop * **for** a red **light**.
   I * turn * **right**.
05 The light * **turns** * **green**. 06 I * **speed**.
07 I * go **over** * the speed **limit**. 08 A police officer * **stops** * me.
09 I * pull **over**. 10 He * **gives** * me a **ticket**.

| **DAY 15** | **TV 시청하기** | p.113 |

우리의 일상생활에서 빼놓을 수 없는, 아주 중요한 활동, TV 시청하기. TV의 기능이야 손으로 꼽을 수 없을 정도로 많지만, 특히 현대인은 인생살이의 거의 모든 것을 TV를 통해서 배우기 때문에 TV는 스승 중의 스승이라고 할 수 있겠습니다. 이 중요한 TV에 얽힌 영어 표현을 살펴볼까요?

☐ **turn on/off** 켜다/끄다

- 우선 TV를 켜고, 끄는 말부터 알아봐야겠죠? TV나 전등이나 다 전원을 켜는 것은 turn on, 끄는 것은 turn off라고 해요. 그래서 'TV를 켜주시겠어요?'는 Could you turn on the TV?라고 하면 공손한 말이 됩니다. '나는 집에 오면 그냥 습관적으로 TV를 켜.'는 I come home and turn on the TV just out of habit.입니다. 'TV 좀 꺼.' 는 Turn off the TV.고요.

☐ **turn up/down** 소리를 높이다/줄이다

- TV를 켰으면 소리를 높이거나 줄이는 표현도 익혀야겠죠? 소리를 높이는 것은 turn up the volume이고, 소리를 낮추는 것은 turn down the volume이라고 합니다. 그래서 '소리를 좀 줄여 주시겠어요?'라고 정중하게 요청하고 싶으면, Could you turn down the volume?이라고 말하면 되죠.

☐ 리모컨은 **remote**

- TV를 켜거나 끌 때도, 소리를 높이거나 줄일 때도 손에 들고 있어야 하는 것 바로 리모컨이죠. 그런데 문제가 있습니다. 우리는 remote control을 줄여서 '리모컨'이라고 하지만 영어권에서는 뒤에 있는 control을 빼버리고 그냥 remote라고 하죠. 그러니 '리모컨'을 달라고 하면 알아듣지 못할 수도 있으니 주의하세요.

☐ **commercial** TV 광고

- '광고' 하면 advertisement를 떠올리기 쉬운데, 이것은 일반적으로 광범위하게 뭉뚱그려 말하는 표현이고요. TV 프로에 붙는 광고는 보통 commercial이라고 하죠. 또, 전치사 on은 뭔가가 켜져 있거나 어떤 활동이 진행 중인 상태를 나타내기 때문에 TV에서 광고가 나오는 상황은 그냥 A commercial is on.이라고 간단하게 말할 수 있습니다. 뉴스가 나오는 경우도 마찬가지이고요.

☐ **show** TV 프로

- 드라마든, 예능이든, 다큐멘터리든, TV에 방영되는 프로들은 뭉뚱그려 모두 show라고 표현할 수 있습니다.

☐ **boring** 지루한, 재미없는, 따분한

- 어떤 것이 재미없고 지루하다고 할 때 쓰는 표현입니다. It is boring.처럼 말이죠. 내가 지루함을 느끼는 경우에는 I'm bored.(나 따분해. 지루해.)처럼 써야 하죠. bore는 '지루하게 하다'란 의미이기 때문에 be bored 하면 '지루하게 되어지다'니까, 결국 '지루하다'는 의미인 거죠.

01 I * turn **on** * the TV.
    I * **turn off** * the TV.

02 I * **pick up** * the remote.

03 I * **change** * the channels.

04 I * **turn** up * the volume.
    I * turn **down** * the volume.

05 **The** news * is **on**.

06 A **commercial** * is **on**.

07 I * **watch** * a game show.

08 The show * **ends**.

09 It * is * **boring**.

10 I * **use** * a remote.

5일 동안 배운 다양한 표현들에 익숙해졌나요? 다음의 정답을 확인하며, 아직 바로 바로 입에서 튀어나오지 않는 문장에는 체크해 두었다가 틈틈이 반복 훈련해 보세요.

01 I * set * my alarm * for 7.
It * doesn't * go off.
I * sleep in.

02 I * make * my bed.
I * skip * a shower.
I * wear * the same clothes * as yesterday.

03 I * get on * the bus.
The seats * are * full.
I * hold onto * a strap.

04 A seat * is * empty.
I * give * my seat.
I * get off * the bus.

05 I * follow * the signs.
I * wait * on * the platform.
The train * is * crowded.

06 I * find * a seat.
I * fall * asleep.
I * miss * my stop.

07 I * turn * left.
The light * turns * green.
I * speed.

08 I * go over * the speed limit.
A police officer * stops * me.
I * pull over.

09 I * turn on * the TV.
I * change * the channels.
I * turn up * the volume.

10 A commercial * is on.
I * watch * a game show.
It * is * boring.

전에는 '애완동물'이라고 했지만 요즘은 누구나 '반려동물'이라고 하죠. 그만큼 인간과 동물의 일체감이 형성됐다고나 할까요? 자, 이번에는 반려동물에 관한 표현을 익혀 보기로 해요.

☐ **feed** ~에게 먹이를 주다 **& play with** ~와 놀다 **& pet** 쓰다듬다

- 우선 먹이를 주는 표현부터 살펴볼까요? 이때는 feed란 동사를 쓰면 되죠. 이것은 타동사라, 바로 뒤에 먹이를 주는 대상을 붙여주면 된답니다. I feed my cat.(난 우리 고양이에게 먹이를 준다.) 놀아주는 건 play with를 사용하면 되고요. 쓰다듬어 주는 것은 pet을 사용해서, I pet my cat.이라고 하면 해결되죠.

- 여기서 잠깐! 어른들의 세계에서 친구들이랑 논다고 할 때는 보통 hang out with를 씁니다. 이때 play with를 쓰면 성적으로 논다는 의미가 내포되기 때문에 주의해야 해요.

- 참고로, 반려동물을 키운다고 할 때는 have동사를 쓰면 간단히 해결됩니다. I have a dog and two cats.(난 강아지 한 마리와 고양이 두 마리를 키워.)처럼 말이죠.

☐ **put a leash on my dog** 강아지에게 목줄을 채우다

- 이제는 반려동물을 산책시키는 표현을 살펴봐야겠군요. 우선 목줄을 매야 되니까, '목줄'을 뜻하는 leash라는 단어부터 챙겨야겠습니다. 누구한테 목줄을 맨다, 채운다고 할 때는 put이라는 동사를 쓰면 되고요. 그래서 'put 놓는다, a leash 목줄을, 어디에 on my dog 우리 강아지 위에'라는 식이 되어서 put a leash on my dog이라고 하면 '우리 강아지에게 목줄을 채우다'가 됩니다.

☐ **take him/her for a walk** 개를 산책시키다

- 강아지를 산책시킨다고 할 때는 take my dog for a walk라는 표현을 쓰면 됩니다. my dog을 대명사로 받아서 성별에 따라 him 또는 her로 말해도 되고요. 이때 '걷는다'는 의미의 walk가 '산책'이라는 의미로 쓰인다는 점에 주목하세요. walk는 명사로도 쓰이고, 동사로도 쓰이기 때문에 I walk my dog.(난 우리 강아지를 산책시킨다.)처럼 써도 됩니다.

☐ **treat** 특식, 간식

- 반려동물에게 주는 특식이나 간식은 treat라고 합니다.

⏱ **2분** 응용 말하기

01 I * **feed** * my cat.

03 I * **pet** * my cat.

05 I * **walk** * my dog.

07 He * **wags** * his tail.

09 He * **barks**.

02 I * **play** * **with** my dog.

04 I * put * a **leash** * **on** my dog.

06 I * **give** * my dog * a **treat**.

08 I * take * him * **for** a walk.

10 He * **chews** up * my **stuff**.

| **DAY 17** | **청소하기** | p.127 |

몸과 마음을 청소하는 것도 중요하지만, 집안 청소가 기본이죠. 이번에는 집안 청소에 필요한 기본적인 동사, clean, dust, vacuum, sweep, scrub 등등에 대해서 살펴보기로 합니다.

☐ **clean** 청소하다, 깨끗이 하다

- 먼저 clean은 '청소한다, 깨끗이 한다'라는 광범위한 의미를 갖는 동사죠. 그래서 '나는 우리집을 청소한다.'는 I clean my house.라고 하면 됩니다.

☐ **dust** 먼지를 털다 **& vacuum** 진공청소기로 청소하다 **& sweep** (빗자루로) 쓸다 **& scrub** 박박 문지르다

- 좀 더 구체적인 동작을 표현하는 말로, '먼지를 턴다'는 dust를 쓰면 됩니다. 이것은 '먼지'라는 명사도 되지만, 어디에 있는 '먼지를 턴다'라는 동사로도 쓰이죠. I dust my furniture.(나는 가구의 먼지를 턴다.)처럼 말예요.
- 다음에 중요한 동사는 vacuum입니다. 이것은 '진공'이란 의미지만, '진공청소기로 민다'라는 동사로도 많이 쓰인답니다. 그래서 I vacuum the carpet. 하면 '나는 카펫을 진공청소기로 민다.'는 표현이 되죠.

- 빗자루질을 하는 것, 즉 빗자루로 쓸 때는 sweep이라는 동사를 활용해 보세요. I sweep the floor.(나는 바닥을 쓴다.)처럼 말이죠.
- 욕조를 청소할 때는 박박 밀어야겠죠? 바로 그럴 때 '박박 문지른다'는 의미의 scrub을 써서 I scrub the bathtub.(나는 욕조를 박박 민다[문질러 닦는다].)라고 말하면 됩니다.

☐ **empty** 비우다 **& take out** 밖으로 내가다

- empty는 '비어 있는' 상태를 나타내는 형용사뿐 아니라 꽉 차 있는 뭔가를 '비운다'는 동사로도 쓰입니다. 그래서 쓰레기통을 비운다고 할 때 바로 empty를 동사로 써서 I empty the wastebasket.(나는 쓰레기통을 비운다.)과 같이 쓰면 되죠.
- 쓰레기를 밖으로 내간다, 밖에 내놓는다고 할 때는 take out을 써서 I take out the trash.(나는 쓰레기를 밖으로 내간다.)라고 하면 됩니다.

☐ **bathtub** 욕조　　　☐ **wastebasket** 쓰레기통　　　☐ **trash** 쓰레기

☐ **recycle** 재활용하다　　　☐ **fine** 벌금

응용 말하기

01 I * <u>clean</u> * my <u>house</u>.	02 I * <u>dust</u> * the furniture.
03 I * <u>vacuum</u> * the carpet.	04 I * <u>sweep</u> * the floor.
05 I * <u>clean</u> * the <u>sink</u>.	06 I * <u>scrub</u> * the <u>bathtub</u>.
07 I * <u>empty</u> * a wastebasket.	08 I * take <u>out</u> * the <u>trash</u>.
09 I * <u>recycle</u>.	10 I * pay * a <u>fine</u>.

| **DAY 18** | **요리하기** | p.133 |

인생살이에서 가장 중요한 먹기. 이번에는 요리에 관련된 기본 표현인 cook, boil, heat, drain, taste 등을 살펴보면서 입맛을 다셔보기로 해요.

☐ **cook** 요리하다

- '요리하다'는 cook이죠. 그런데 요리사도 cook이에요. 이 중요한 사람을 cooker라고 하는 사람도 있는데 실례되는 말이죠. 왜냐하면 cooker는 압력밥솥 같은 압력을 가해 요리하는 기구나 오븐이나 레인지 같은 기구를 가리키는 말이니까요. 또, 동사로 쓰이는 cook은 보통 열을 가해 음식을 만들 때 쓰는 말이죠. 열을 가하지 않고 만들 때는 보통 make라는 동사를 씁니다.

☐ **boil** 끓이다 **& heat** 데우다 **& drain** 물을 빼다

- boil은 '끓이다, 삶다', heat는 '데우다'란 뜻이죠. drain은 '물을 빼다'란 의미고요. 스파게티는 삶아서 물을 빼야죠. 그럴 때는 drain을 사용해서 I drain the spaghetti.라고 하면 되죠.

☐ **taste** 맛이 ~하다

- taste는 어떤 맛이 난다, 즉 '맛이 ~하다'는 의미입니다. '맛이 좋다.'는 It tastes good.이라고 하면 되고, 반대로 맛이 안 좋으면, It tastes bad.라고 하면 됩니다. taste 뒤에 맛을 나타내는 형용사를 말해주면 되죠.
- 하나 더! taste 뒤에 음식을 말하면, 그 음식의 '맛을 본다'는 의미가 된다는 것도 함께 알아두세요. I tasted pasta. (나는 파스타를 맛봤다.)처럼 말이죠.

☐ **lid** 뚜껑　　　☐ **meat** 고기　　　☐ **vegetable** 채소

☐ **salt** 소금　　　☐ **pepper** 후추

01 I * **cook** * something.
02 I * cook * **for** somebody.
03 I * **put** * a **lid** * on the **pot**.
04 I * **boil** * some water.
05 I * cook * **meat**.
06 I * **heat** * the sauce * **in** a pot.
　　 I * cook * **vegetables**.
07 I * **put** * some **salt** and pepper.
08 I * **drain** * the spaghetti.
09 It * is **done**.
10 It * **tastes** * good.
　　 It * tastes * **bad**.

| **DAY 19** | **현금 인출하기** | p.139 |

현금인출기를 이용해 현금을 인출할 때 필요한 용어 몇 가지를 살펴볼까요? ATM, PIN, debit card 등을 좀 더 자세히 익혀 보기로 하죠.

☐ **ATM** 현금인출기

- 요즘은 인터넷 뱅킹으로 은행 업무를 보는 사람이 늘어서 ATM의 인기가 예전보다는 못하지만 그래도 현금을 찾으려면 이 ATM을 찾지 않을 수가 없죠. 그런데 ATM은 Automated Teller Machine의 축약어예요. teller란 은행의 창구직원을 뜻하니까, 창구직원의 역할을 하는 자동화 기계라는 의미겠죠?

☐ **debit card** 직불카드, 체크카드

- 돈을 찾으려면 ATM에다 은행카드를 넣어야죠. 이 카드를 직불카드 또는 체크카드라고도 하는데, 영어로는 debit card라고 합니다. debit은 회계용어로는 '차변'이에요. 돈을 찾으면 차변에 기재되기 때문에 이런 말이 나왔어요.

☐ **PIN** 개인 식별 번호, 비밀번호

- ATM을 사용하려면 자신이 등록해 놓은 암호, 즉 비밀번호도 입력해야 합니다. 이 번호를 PIN이라고 하는데, Personal Identification Number, 즉 '개인 식별 번호'라는 의미죠. 우리는 흔히 '비밀번호'라고 하죠.

- ☐ **cash** 현금
- ☐ **wallet** 지갑
- ☐ **insert** 넣다, 삽입하다
- ☐ **ask for** ~을 요청하다
- ☐ **return** 돌려주다

2분 ▸ 응용 말하기

01 I * need * cash.
02 I * go * to an ATM.
03 I * take * my debit card * out of my wallet.
04 I * insert * the card * into the ATM.
05 It * asks for * my PIN.
06 I * enter * my PIN.
07 I * press * keys * on the keypad.
08 I * enter * the amount of money * I need.
09 The machine * returns * my card.
10 I * get * my money.

| DAY 20 | 패스트푸드점 이용하기   p.145

바쁜 현대인들의 배를 채워주는 데 패스트푸드점은 빼놓을 수 공간이죠. 햄버거 등 패스트푸드를 먹을 수 있는 fast food restaurant에서 사용할 수 있는 표현을 몇 가지 좀 더 자세히 살펴보겠습니다.

....

☐ **for here** 여기서 먹을 거예요 **& to go** 포장이요

• 패스트푸드점에서 음식을 주문하면 여기서 먹을 건지, 아니면 싸가지고 갈 건지 묻습니다. 이때 식당에서 먹고 갈 거면 복잡하게 말하지 말고, 그냥 For here.라고 간단하게 대답하면 됩니다. 싸가지고 가려면, To go.라고 하면 되고요. 그냥 요대로 익혀 뒀다가 쓰면 되는 아주 간단한 표현이죠.

☐ **crispy French fries** 바삭바삭한 감자튀김 **&**
soggy French fries 눅눅한 감자튀김

• 감자튀김을 French fries라고 한다는 것은 대부분 알고 있지만, 바삭바삭하거나 눅눅한 감자튀김을 어떻게 표현할지 난감한 적은 없었나요? '바삭바삭한'은 crispy, '눅눅한'은 soggy이니까, crispy French fries는 '바삭바삭한 감자튀김'이고, soggy French fries는 '눅눅한 감자튀김'이에요.

☐ **fast food restaurant** 패스트푸드 식당

☐ **stand in line** 줄을 서다

☐ **straw** 빨대

01 I * go * to a **fast food** restaurant.
02 I * **stand** * in **line**.
03 I * **look at** * the menu.
04 I * **order** * my food and drink * **at** the **counter**.
05 **crispy** * French fries
　　 soggy * French fries
06 I * **take** * some paper **napkins** and a **straw**.
07 I * say * "**For here**."
08 I * **eat** * **in** the restaurant.
09 I * say * "**To go**."
10 I * eat * **outside** the **restaurant**.

| TEST | 중간점검 DAY 16~20　　　　　　p.151

5일 동안 배운 다양한 표현들에 익숙해졌나요? 다음의 정답을 확인하며, 아직 바로 바로 입에서 튀어나오지 않는 문장에는 체크해 두었다가 틈틈이 반복 훈련해 보세요.

01 I * feed * my cat.
　　 I * pet * my cat.
　　 I * put * a leash * on my dog.
02 I * walk * my dog.
　　 He * chews up * my stuff.
　　 He * wags * his tail.
03 I * clean * my house.
　　 I * vacuum * the carpet.
　　 I * sweep * the floor.
04 I * scrub * the bathtub.
　　 I * empty * a wastebasket.
　　 I * take out * the trash.
05 I * cook * for somebody.
　　 I * boil * some water.
　　 I * heat * the sauce * in a pot.
06 I * put * some salt and pepper.
　　 I * put * a lid * on the pot.
　　 It * is done.
07 I * go * to an ATM.
　　 I * take * my debit card * out of my wallet.
　　 I * insert * the card * into the ATM.
08 I * enter * my PIN.
　　 I * enter * the amount of money * I need.
　　 The machine * returns * my card.
09 I * stand * in line.
　　 I * look at * the menu.
　　 I * order * my food and drink * at the counter.
10 I * say * "For here."
　　 I * say * "To go."
　　 I * take * some paper napkins and a straw.

176

SPEAKING MATRIX

한국인의 스피킹 메커니즘에 맞춘 가장 과학적인 영어 스피킹 훈련 프로그램

체계적인 30일 기초 훈련으로 영어 왕초보도 정확하고 빠르게 문장을 완성한다!

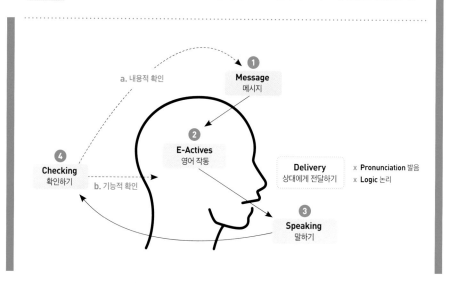

a. 내용적 확인

①
Message
메시지

②
E-Actives
영어 작동

④
Checking
확인하기

b. 기능적 확인

Delivery
상대에게 전달하기

x **Pronunciation** 발음
x **Logic** 논리

③
Speaking
말하기

 눈 모으기 〉 눈뭉치 만들기 〉 눈덩이 굴리기 〉 눈사람 완성

영어에 대한
기본 감각 다지기

스피킹에 필요한
필수 표현 익히기

주제별 에피소드와
표현 확장하기

자기 생각을
반영하여 전달하기

30초
영어 말하기
스피킹 매트릭스
OUTPUT

30초 영어 말하기
스피킹 매트릭스

황서윤 지음

길벗
이지:톡

30초
영어 말하기
OUTPUT

말하라!

이제 당신은 네이티브처럼 말하게 된다!

앞에서 익힌 영어의 기본 규칙과 핵심 표현들을 활용해서 30초 이상 영어로 말해 보는 연습을 할 거예요. 그런데 30초라는 시간이 너무 긴 것 같다고요? 걱정 마세요. 여기에 나오는 문장들은 모두 앞에서 배운 규칙과 표현들로 이루어져 있답니다.

자, Way to go!

DAY 21

30초 영어 말하기 ❶
아침에 하는 일

30초 영어 말하기 : **INPUT** : Day 1 + Day 3 + Day 10 + Day 11

🎧 Out 21-1.mp3

01	저는 알람을 오전 7시로 맞춰 놨어요.

02	오늘 아침에 알람이 울리지 않았죠.

03	저는 늦잠을 잤어요.

04	8시에 깼습니다.

05	너무 당황했어요.

06	양치를 하고 샤워를 건너뛰었어요.

07	어제 입었던 옷을 입었습니다.

제한시간 **30**초 (문장당 5초 내외)

Step 2 끊어 말하기 👄

I set * my alarm * for 7 a.m.

This morning, * it didn't * go off.

I slept in.

I woke up * at 8.

I felt * panicked.

I brushed * my teeth * and * skipped * the shower.

I wore * the same clothes * as yesterday.

Step 3 들으면서 따라 말하기 😋

I _____ my _____ _____ 7 a.m.

_____, it didn't _____ off. I slept _____. I

_____ up _____ 8. I felt _____. I _____

my teeth and _____ the shower. I _____ the

_____ clothes _____ yesterday.

▶ 정답은 p.45를 확인하세요.

저는 알람을 오전 7시로 맞춰 놨어요. 오늘 아침에 알람이 울리지 않았죠. 저는 늦잠을 잤어요. 8시에 깼습니다. 너무 당황했어요. 양치를 하고 샤워를 건너뛰었어요. 어제 입었던 옷을 입었습니다.

30초 영어 말하기 ❷
버스 타기

30초 영어 말하기 : **INPUT** : Day 1 + Day 3 + Day 8 + Day 10 + Day 12

🎧 Out 22-1.mp3

Step 1 우리말 보면서 듣기 🎧

| 01 | 저는 버스에 탔어요. |

| 02 | 자리가 모두 꽉 차 있었죠. |

| 03 | 저는 서서 손잡이를 잡았어요. |

| 04 | 누군가 버스에서 내려서 한 자리가 비었습니다. |

| 05 | 제가 앉았어요. |

| 06 | 하지만 한 할머니가 버스에 타셨죠. |

| 07 | 전 그분에게 자리를 양보했습니다. |

| 08 | 기분이 좋았어요. |

훈련한 날짜 　　　　　.　　　　.

소요시간 　　　　　　　　분

제한시간 **30초** (문장당 5초 내외)

Step 2 끊어 말하기 👄

🔊　I got on * the bus.

🔊　All the seats were * full.

🔊　I stood * and * held onto * a strap.

🔊　Someone got off * the bus, * so * a seat was * empty.

🔊　I sat down.

🔊　But * an old lady got on * the bus.

🔊　I gave * her * my seat.

🔊　I felt * good.

I ＿＿＿＿＿＿＿ the bus. ＿＿＿＿ the seats

＿＿＿＿ full. I ＿＿＿＿ and ＿＿＿＿ onto

＿＿＿＿. ＿＿＿＿＿＿＿ off the bus, so a ＿＿＿＿

＿＿＿＿ empty. I ＿＿＿＿ down. But an ＿＿＿＿

lady ＿＿＿＿＿＿＿ the bus. I ＿＿＿＿ her my

＿＿＿＿. I ＿＿＿＿ good.

▶ 정답은 p.45를 확인하세요.

저는 버스에 탔어요. 자리가 모두 꽉 차 있었죠. 저는 서서 손잡

이를 잡았어요. 누군가 버스에서 내려서 한 자리가 비었습니다.

제가 앉았어요. 하지만 한 할머니가 버스에 타셨죠. 전 그분에게

자리를 양보했습니다. 기분이 좋았어요.

30초 영어 말하기 ❸
지하철 타기

30초 영어 말하기 : INPUT : Day 1 + Day 3 + Day 8 + Day 10 + Day 12 + Day 13   🎧 Out 23-1.mp3

Step 1 우리말 보면서 듣기 🎧

01 | 저는 열차에 탔어요.

02 | 열차는 북적였죠.

03 | 전 자리를 찾아서 앉았어요.

04 | 하지만 금방 잠이 들었죠.

05 | 저는 내릴 정거장을 놓쳤습니다.

06 | 다음 정거장에서 내려서 20분 동안 걸었어요.

07 | 저는 지금 너무 피곤해요.

제한시간 **30**초 (문장당 5초 내외)

Step 2 끊어 말하기 👄

🔊 I got on * the train.

🔊 The train was * crowded.

🔊 I found * a seat * and * sat down.

🔊 But * I soon * fell asleep.

🔊 I missed * my stop.

🔊 I got off * at the next stop * and walked * for 20 minutes.

🔊 I am * so tired * now.

I _____ _____ the train. The train _____

_____. I _____ a _____ and _____ down.

But I _____ asleep. I _____ my

_____. I _____ at _____

stop and _____ 20 _____. I _____

so _____ now.

▶ 정답은 p.45를 확인하세요.

저는 열차에 탔어요. 열차는 북적였죠. 전 자리를 찾아서 앉았어

요. 하지만 금방 잠이 들었죠. 저는 내릴 정거장을 놓쳤습니다.

다음 정거장에서 내려서 20분 동안 걸었어요. 저는 지금 너무

피곤해요.

DAY
24

30초 영어 말하기 ❹
운전하기

30초 영어 말하기 : **INPUT** : Day 1 + Day 2 + Day 3 + Day 8 + Day 14

🎧 Out 24-1.mp3

Step 1 **우리말 보면서 듣기** 🎧

| 01 | 오늘 아침 회사에 지각했습니다. |

| 02 | 저는 제 차를 운전했죠. |

| 03 | 불이 초록불로 바뀌었어요. |

| 04 | 직진했습니다. |

| 05 | 한 경찰관이 저를 세웠어요. |

| 06 | 그는 제가 과속하고 있었고 제한속도를 넘었다고 했죠. |

| 07 | 그는 제게 딱지를 끊었습니다. |

| 08 | 저는 딱지를 떼였고 회사에 지각했어요. 끝내주네요! |

제한시간 **30**초 (문장당 5초 내외)

Step 2 끊어 말하기 👄

🔊   I was late * for work * this morning.

🔊   I drove * my car.

🔊   The light * turned green.

🔊   I went straight.

🔊   A police officer * stopped me.

🔊   He said * I was speeding * and * went over the speed limit.

🔊   He gave * me a ticket.

🔊   I got * a ticket * and * was late * for work. * Great!

I _____ late _____ work this _____. I _____ my car. The light _____. I _____ straight. A police _____ me. He said I was _____ and went _____ the speed _____. He _____ me _____ ticket. I _____ a ticket and _____ late for _____. Great!

▶ 정답은 p.46을 확인하세요.

오늘 아침 회사에 지각했습니다. 저는 제 차를 운전했죠. 불이

초록불로 바뀌었어요. 직진했습니다. 한 경찰관이 저를 세웠어

요. 그는 제가 과속하고 있었고 제한속도를 넘었다고 했죠. 그는

제게 딱지를 끊었습니다. 저는 딱지를 떼였고 회사에 지각했어

요. 끝내주네요!

DAY 25

30초 영어 말하기 ❺

TV 시청하기

30초 영어 말하기 : INPUT : Day 1 + Day 2 + Day 8 + Day 10 + Day 15

🎧 Out 25-1.mp3

Step 1 우리말 보면서 듣기 🎧

01	남동생이 TV를 켜요.

02	그가 가장 좋아하는 프로그램이 하네요.

03	그는 이 게임 프로그램을 봐요.

04	저는 재미없다고 생각합니다.

05	전 리모컨을 들어서 볼륨을 낮춰요.

06	그는 화를 냅니다.

07	그는 볼륨을 높이죠.

08	저는 짜증이 나요.

09	그래서 전 채널을 바꿉니다.

강의 및 훈련 MP3

제한시간 **30초** (문장당 5초 내외)

Step 2 끊어 말하기 ⇌

◁ᵢ) 　 My brother ∗ turns on ∗ the TV.

◁ᵢ) 　 His favorite show ∗ is on.

◁ᵢ) 　 He watches ∗ this game show.

◁ᵢ) 　 I think ∗ it is boring.

◁ᵢ) 　 I pick up ∗ the remote ∗ and ∗ turn down ∗ the volume.

◁ᵢ) 　 He is upset.

◁ᵢ) 　 He turns up ∗ the volume.

◁ᵢ) 　 I am annoyed.

◁ᵢ) 　 So ∗ I change ∗ the channel.

My brother .... the TV. His ....

show is .... He .... this .... show. I

.... it is .... I pick .... the ....

and turn .... volume. He ....

.... He .... up the .... I ....

annoyed. So I .... the channel.

▶ 정답은 p.46을 확인하세요.

남동생이 TV를 켜요. 그가 가장 좋아하는 프로그램이 하네요.

그는 이 게임 프로그램을 봐요. 저는 재미없다고 생각합니다. 전

리모컨을 들어서 볼륨을 낮춰요. 그는 화를 냅니다. 그는 볼륨을

높이죠. 저는 짜증이 나요. 그래서 전 채널을 바꿉니다.

DAY 26

30초 영어 말하기 ❻
반려동물 돌보기

30초 영어 말하기 : INPUT : Day 1 + Day 2 + Day 3 + Day 6 + Day 7 + Day 8 + Day 16   🎧 Out 26-1.mp3

Step 1 우리말 보면서 듣기 🎧

01	저는 두 살 된 말티즈를 키웁니다.
02	매일 그를 데리고 산책하러 가고 같이 놀아주죠.
03	하지만 제가 어디에 좀 가려고 하면 그는 짖어요.
04	오늘은 나가기 전에 간식을 줬습니다.
05	작별인사도 했죠.
06	하지만 제가 돌아왔을 때, 그는 제게 선물을 줬어요.
07	제 신발을 물어뜯은 거 있죠!
08	내일은 밥을 안 줄 거예요.

제한시간 **30**초 (문장당 5초 내외)

Step 2 끊어 말하기 😋

🔊   I have * a two-year-old Maltese.

🔊   I take him * for walks * and * play with him * every day.

🔊   But * when I try to go somewhere, * he barks.

🔊   Today, * I gave him * a treat * before I left.

🔊   I also said * goodbye * to him.

🔊   However, * when I came back, * he gave me * a present.

🔊   He chewed up * my shoes!

🔊   I will not * feed him * tomorrow.

I have a _____ Maltese. I _____ him _____

walks and play _____ him every day. But when

I _____ to go somewhere, he _____. Today,

I _____ him a _____ before I _____. I also

_____ goodbye _____ him. However, when

I _____ back, he _____ me a _____. He

_____ up my _____! I _____ not _____ him

tomorrow.

▶ 정답은 p.46을 확인하세요.

저는 두 살 된 말티즈를 키웁니다. 매일 그를 데리고 산책하러

가고 같이 놀아주죠. 하지만 제가 어디에 좀 가려고 하면 그는

짖어요. 오늘은 나가기 전에 간식을 줬습니다. 작별인사도 했죠.

하지만 제가 돌아왔을 때, 그는 제게 선물을 줬어요. 제 신발을

물어뜯은 거 있죠! 내일은 밥을 안 줄 거예요.

30초 영어 말하기 ❼
청소하기

30초 영어 말하기 : INPUT : Day 1 + Day 2 + Day 3 +
Day 4 + Day 8 + Day 10 + Day 17

🎧 Out 27-1.mp3

Step 1 우리말 보면서 듣기 🎧

01	저는 집을 청소했어요.
02	가구의 먼지를 털었습니다.
03	진공청소기로 카펫을 청소했어요.
04	남동생은 냉장고를 청소했죠.
05	그는 상한 음식을 버렸어요.
06	저는 화장실 변기도 청소했어요.
07	그래서 남동생은 쓰레기를 내다 버렸죠.
08	청소한 후 우리는 기분이 무척 상쾌했습니다.
09	하지만 남동생이 분리수거를(재활용을) 하지 않아서 우리는 벌금을 냈어요.

제한시간 **30**초 (문장당 5초 내외)

Step 2 끊어 말하기 👄

I cleaned * my house.

I dusted * the furniture.

I vacuumed * the carpet.

My brother cleaned * the refrigerator.

He threw out * the spoiled food.

I also cleaned * the toilet * in the bathroom.

So * my brother took out * the trash.

We felt * so refreshed * after we cleaned.

However, * my brother didn't * recycle, * and * we paid * a fine.

I _____ my house. I _____ the furniture.

I _____ the carpet. My brother _____ the

refrigerator. He _____ out the _____ food. I also

cleaned the _____ in the bathroom. So my brother

_____ the _____. We felt so _____

after we _____. However, my brother _____

_____, and we _____ a fine.

▶ 정답은 p.47을 확인하세요.

저는 집을 청소했어요. 가구의 먼지를 털었습니다. 진공청소기

로 카펫을 청소했어요. 남동생은 냉장고를 청소했죠. 그는 상한

음식을 버렸어요. 저는 화장실 변기도 청소했어요. 그래서 남동

생은 쓰레기를 내다 버렸죠. 청소한 후 우리는 기분이 무척 상쾌

했습니다. 하지만 남동생이 분리수거를(재활용을) 하지 않아서

우리는 벌금을 냈어요.

DAY
28

30초 영어 말하기 ❽
요리하기

30초 영어 말하기 : INPUT : Day 1 + Day 2 + Day 3 + Day 4 + Day 6 + Day 8 + Day 10 + Day 18

🎧 Out 28-1.mp3

Step 1 **우리말 보면서 듣기** 🎧

01	오늘 저는 엄마를 위해 요리를 했습니다.
02	엄마가 파스타를 좋아해서 전 해물 파스타를 만들었어요.
03	스파게티를 삶고 새우와 조개를 요리했죠.
04	해산물을 요리할 때 소금과 후추를 넣었습니다.
05	파스타가 완성됐을 때 저는 맛을 봤죠.
06	그런데 그것은 너무 달았어요.
07	제가 소금을 넣지 않고 설탕을 넣었지 뭐예요!
08	그것은 맛이 형편없었습니다.
09	저는 매우 슬펐어요.

제한시간 **30**초 *(문장당 5초 내외)*

Step 2 끊어 말하기 ☺

🔊   I cooked * for my mom * today.

🔊   She likes * pasta, * so * I made * seafood pasta.

🔊   I boiled * some spaghetti * and * cooked * shrimp and clams.

🔊   When I cooked the seafood, * I put in * some salt and pepper.

🔊   When the pasta was done, * I tasted it.

🔊   But * it was * too sweet.

🔊   I didn't put * salt, * but * I put * sugar!

🔊   It tasted * terrible.

🔊   I was * so sad.

I _____ _____ my mom today. She _____

pasta, so I _____ seafood pasta. I _____ some

spaghetti and _____ shrimp and _____. When

I _____ the seafood, I _____ in some salt

and _____. _____ the pasta _____ done, I

_____ it. But it _____ too sweet. I _____ put

salt, but I _____ _____! It tasted _____. I was

so _____.

▶ 정답은 p.47을 확인하세요.

오늘 저는 엄마를 위해 요리를 했습니다. 엄마가 파스타를 좋아

해서 전 해물 파스타를 만들었어요. 스파게티를 삶고 새우와 조

개를 요리했죠. 해산물을 요리할 때 소금과 후추를 넣었습니다.

파스타가 완성됐을 때 저는 맛을 봤죠. 그런데 그것은 너무 달았

어요. 제가 소금을 넣지 않고 설탕을 넣었지 뭐예요! 그것은 맛

이 형편없었습니다. 저는 매우 슬펐어요.

30초 영어 말하기 ❺

현금 인출하기

30초 영어 말하기 : **INPUT** : Day 1 + Day 2 + Day 3 + Day 6 + Day 8 + Day 9 + Day 10 + Day 19

🎧 Out 29-1.mp3

Step 1 우리말 보면서 듣기 🎧

01	저는 현금이 좀 필요했어요.
02	은행에 있는 현금인출기에 갔죠.
03	줄이 있어서 기다렸습니다.
04	제 앞에 있던 여자가 돈을 찾아갔어요.
05	제 차례가 되었을 때, 저는 현금인출기에 있는 체크카드를 보았죠.
06	그 여자가 카드를 두고 간 것이었어요.
07	저는 보안요원에게 그 카드를 줬습니다.
08	기분이 뿌듯했어요.

강의 및 훈련 MP3

제한시간 **30**초 (문장당 5초 내외)

I needed * some cash.

I went * to an ATM * in the bank.

There was * a line, * so * I waited.

This lady * in front of me * got her money * and left.

When it was my turn, * I saw * a debit card * in the ATM.

The lady left * her card.

I gave the card * to the security guy.

I felt good * about myself.

I _____ some cash. I _____ to an ATM _____

the bank. _____ _____ a line, so I waited. This

lady _____ _____ of me _____ her money and

_____ . When it _____ my _____ , I _____ a

debit card _____ the ATM. The lady _____ her

card. I _____ the card _____ the security guy. I

_____ good _____ myself.

▶ 정답은 p.47을 확인하세요.

저는 현금이 좀 필요했어요. 은행에 있는 현금인출기에 갔죠. 줄

이 있어서 기다렸습니다. 제 앞에 있던 여자가 돈을 찾아갔어요.

제 차례가 되었을 때, 저는 현금인출기에 있는 체크카드를 보았

죠. 그 여자가 카드를 두고 간 것이었어요. 저는 보안요원에게

그 카드를 줬습니다. 기분이 뿌듯했어요.

DAY 30

30초 영어 말하기 ⑩

패스트푸드점 이용하기

30초 영어 말하기 : INPUT : Day 1 + Day 2 + Day 3 + Day 8 + Day 10 + Day 20

🎧 Out 30-1.mp3

Step 1 우리말 보면서 듣기 🎧

01	저는 패스트푸드점에 갔습니다.
02	큰 치즈버거와 작은 감자튀김, 그리고 작은 콜라를 주문했죠.
03	테이블에 앉았어요.
04	제 햄버거에서 머리카락을 발견했죠.
05	토할 것 같았어요.
06	전 점원에게 가서 그 머리카락을 그에게 보여줬습니다.
07	매니저가 와서 사과했어요.
08	그는 제게 무료 쿠폰을 몇 장 주었습니다.

제한시간 **30**초 (문장당 5초 내외)

Step 2 끊어 말하기 ⬬

I went * to a fast food restaurant.

I ordered * a big cheeseburger, * a small French fries, * and * a small Coke.

I sat down * at the table.

I found * a hair * in my burger.

I felt * sick.

I went * to the clerk * and * showed him the hair.

The manager * came * and * apologized.

He gave me * some free coupons.

I _____ _____ a fast food restaurant. I _____

a _____ cheeseburger, _____ small French

fries, and _____ Coke. I _____ down

_____ the table. I _____ hair

my burger. I _____ sick. I _____ to the

and _____ him the hair. The manager _____ and

_____ . He _____ me _____ free _____ .

▶ 정답은 p.48을 확인하세요.

저는 패스트푸드점에 갔습니다. 큰 치즈버거와 작은 감자튀김,

그리고 작은 콜라를 주문했죠. 테이블에 앉았어요. 제 햄버거에

서 머리카락을 발견했죠. 토할 것 같았어요. 전 점원에게 가서

그 머리카락을 그에게 보여줬습니다. 매니저가 와서 사과했어

요. 그는 제게 무료 쿠폰을 몇 장 주었습니다.

{ OUTPUT }
스크립트와 주요 표현 정리
Check the Scripts & Useful Expressions

OUTPUT 파트의 DAY별 훈련 Step 1 ~ Step 4에 해당하는 30초 영어 말하기 스크립트와 표현 해설입니다. STEP 3(들으면서 따라 말하기) 빈칸에 들어갈 표현들은 스크립트에 밑줄로 표시했습니다. 헷갈리거나 막히는 표현은 없었는지 확인해 보세요.

I **set** my **alarm for** 7 a.m. **This morning**, it didn't **go** off. I slept **in**. I **woke** up **at** 8. I felt **panicked**. I **brushed** my teeth and **skipped** the shower. I **wore** the **same** clothes **as** yesterday.

표현
set one's alarm for ~ a.m. 오전 ~시로 알람을 맞추다
예 **I set my alarm for 6 a.m.** 나는 오전 6시로 알람을 맞췄다.
go off (알람이) 울리다   예 **My alarm went off.** 나의 알람이 울렸다.
sleep in 늦잠 자다   예 **I slept in today.** 나는 오늘 늦잠을 잤다.
wake up 잠에서 깨다, 일어나다   예 **I woke up at 7.** 나는 7시에 일어났다[깼다].
panicked 매우 당황한   예 **I felt panicked.** 나는 너무 당황했다.
brush 닦다, 솔질하다   예 **I brushed my teeth.** 나는 이를 닦았다.
skip 건너뛰다   예 **I skipped the shower.** 나는 샤워를 건너뛰었다.

I **got on** the bus. **All** the seats **were** full. I **stood** and **held** onto **a strap**. **Someone got** off the bus, so a **seat was** empty. I **sat** down. But an **old** lady **got on** the bus. I **gave** her my **seat**. I **felt** good.

표현
get on 타다 ↔ get off 내리다   예 **I got on the bus.** 나는 버스에 탔다.
full 꽉 찬   예 **The bus was full.** 버스는 만차였다.
hold onto ~를 꼭 잡다   예 **I held onto a strap.** 손잡이를 잡았다.
empty 빈   예 **A seat was empty.** 한 자리가 비었다.
give someone my seat 누구에게 자리를 양보하다
예 **I gave an old lady my seat.** 한 할머니에게 자리를 양보했다.

I **got on** the train. The train **was crowded**. I **found** a **seat** and **sat** down. But I **soon fell** asleep. I **missed** my **stop**. I **got off** at **the next** stop and **walked for** 20 **minutes**. I **am** so **tired** now.

표현
crowded 북적이는   예 **The train was crowded.** 열차는 북적였다.
find 발견하다, 찾다   예 **I found a seat.** 나는 자리를 찾았다.
fall asleep 잠이 들다   예 **I fell asleep.** 나는 잠이 들었다.
miss 놓치다 my stop 내가 내려야 할 정거장   예 **I missed my stop.** 나는 내릴 정거장을 놓쳤다.
walk 걷다   예 **I walked for 20 minutes.** 나는 20분 동안 걸었다.

I **was** late **for** work this **morning**. I **drove** my car. The light **turned green**. I **went** straight. A police **officer stopped** me. He said I was **speeding** and went **over** the speed **limit**. He **gave** me **a** ticket. I **got** a ticket and **was** late for **work**. Great!

> 표현
> late for work 회사에 지각한　예) **I was late for work.** 나는 회사에 지각했다.
> turn 변하다, 바뀌다　예) **The light turned red.** 불이 빨간불로 바뀌었다.
> go straight 직진하다　예) **I went straight.** 나는 직진을 했다.
> speed 과속하다　예) **I was speeding.** 나는 과속하고 있었다.
> speed limit 제한속도　예) **I went over the speed limit.** 나는 제한속도를 넘었다.
> ticket 딱지　예) **I got a ticket.** 나는 딱지를 떼었다.

My brother **turns on** the TV. His **favorite** show is **on**. He **watches** this **game** show. I **think** it is **boring**. I pick **up** the **remote** and turn **down the** volume. He **is upset**. He **turns** up the **volume**. I **am** annoyed. So I **change** the channel.

> 표현
> turn on (전원 등을) 켜다　예) **He turns on the TV.** 그는 TV를 켠다.
> ~ is on ~이 지금 (TV에서) 하고 있다　예) **My favorite show is on.** 내가 가장 좋아하는 프로그램이 하고 있다.
> boring 재미없는, 지겨운　예) **It is boring.** 그것은 재미없다.
> turn up (볼륨을) 높이다　예) **I turn up the volume.** 나는 볼륨을 높인다.
> annoyed 짜증이 나는　예) **I am annoyed.** 나는 짜증이 난다.

I have a **two-year-old** Maltese. I **take** him **for** walks and play **with** him every day. But when I **try** to go somewhere, he **barks**. Today, I **gave** him a **treat** before I **left**. I also **said** goodbye **to** him. However, when I **came** back, he **gave** me a **present**. He **chewed** up my **shoes**! I **will** not **feed** him tomorrow.

> 표현
> two-year-old 두 살짜리인　예) **I have a two-year-old dog.** 나는 두 살짜리 강아지를 키운다.
> take ~ for walks ~를 산책시키다　예) **I take him for walks.** 나는 그를 산책시킨다.
> try to do ~하려고 (시도)하다　예) **I try to go somewhere.** 나는 어디에 좀 가려고 한다.
> somewhere 어딘가에　예) **I go somewhere.** 나는 어디에 좀 간다.
> say goodbye to someone 누구에게 작별인사를 하다　예) **I said goodbye to him.** 나는 그에게 작별인사를 했다.
> present [préznt] 선물　예) **He gave me a present.** 그는 내게 선물을 주었다.
> chew up 물어뜯다　예) **He chewed up my shoes.** 그는 내 신발을 물어뜯었다.

I **cleaned** my house. I **dusted** the furniture. I **vacuumed** the carpet. My brother **cleaned** the refrigerator. He **threw** out the **spoiled** food. I also cleaned the **toilet** in the bathroom. So my brother **took out** the **trash**. We felt so **refreshed** after we **cleaned**. However, my brother **didn't recycle**, and we **paid** a fine.

표현　dust 먼지를 털다　예 **I dusted the furniture.** 나는 가구의 먼지를 털었다.
refrigerator 냉장고　예 **I cleaned the refrigerator.** 나는 냉장고를 청소했다.
throw out 버리다　spoiled food 상한 음식　예 **I threw out the spoiled food.** 나는 상한 음식을 버렸다.
toilet 변기　예 **I cleaned the toilet in the bathroom.** 나는 화장실의 변기를 청소했다.
take out 내놓다, 내다 버리다　trash 쓰레기　예 **I took out the trash.** 나는 쓰레기를 내다 버렸다.
feel refreshed 기분이 상쾌하다　예 **We felt so refreshed.** 우리는 기분이 무척 상쾌했다.
pay a fine 벌금을 내다　예 **I paid a fine.** 나는 벌금을 냈다.

I **cooked for** my mom today. She **likes** pasta, so I **made** seafood pasta. I **boiled** some spaghetti and **cooked** shrimp and **clams**. When I **cooked** the seafood, I **put** in some salt and **pepper**. **When** the pasta **was** done, I **tasted** it. But it **was** too sweet. I **didn't** put salt, but I **put sugar**! It tasted **terrible**. I was so **sad**.

표현　cook for ~를 위해 요리하다　예 **I cooked for my dad.** 나는 아빠를 위해 요리했다.
cook shrimp 새우를 요리하다　예 **I cooked some shrimp.** 나는 새우를 요리했다.
put (in) 넣다　예 **I put (in) some salt and pepper.** 나는 소금과 후추를 넣었다.
taste 맛보다　예 **I tasted the pasta.** 나는 파스타를 맛보았다.

I **needed** some cash. I **went** to an ATM **in** the bank. **There was** a line, so I waited. This lady **in front** of me **got** her money and **left**. When it **was** my **turn**, I **saw** a debit card **in** the ATM. The lady **left** her card. I **gave** the card **to** the security guy. I **felt** good **about** myself.

표현　a line 한 줄　예 **There was a line.** 줄이 있었다.
my turn 내 차례　예 **It was my turn.** 내 차례였다.
debit card 체크카드　예 **I saw a debit card.** 체크카드가 보였다.
leave one's card 카드를 두고 가다[오다]　예 **I left my card.** 나는 카드를 두고 왔다.
feel good 기분이 좋다　예 **I felt good about myself.** 내 자신에 대해 기분이 좋았다[뿌듯했다].

I **went to** a fast food restaurant. I **ordered** a **big** cheeseburger, **a** small French fries, and **a small** Coke. I **sat** down **at** the table. I **found a** hair **in** my burger. I **felt** sick. I **went** to the **clerk** and **showed** him the hair. The manager **came** and **apologized**. He **gave** me **some** free **coupons**.

표현   sit down 앉다   예 **I sat down at the table.** 나는 테이블에 앉았다.

find 찾다, 발견하다   a hair 머리카락   예 **I found a hair in my burger.** 내 햄버거에서 머리카락을 발견했다.

clerk 점원   예 **I went to the clerk.** 나는 점원에게로 갔다.

show 보여주다   예 **I showed him.** 나는 그에게 보여줬다.

apologize 사과하다   예 **I apologized to her.** 나는 그녀에게 사과했다.

| APPENDIX | 동사의 과거형

🎧 Appendix.mp3

동사의 과거형은 기본 동사에 -ed가 붙는 것이 대부분이지만 아예 형태가 변하는 동사들도 많습니다. 예를 들어, wash(씻다)의 과거형은 뒤에 -ed를 붙인 washed(씻었다)이지만, go(가다)의 과거형은 goed가 아닌 went(갔다)입니다. 한 번에 모든 동사들의 과거형을 외우려고 하지 말고 우선 이 책에 나오는 동사들을 중심으로 문장 전체의 느낌을 파악하면서 연습해 보세요.

현 재	과 거
OUTPUT Day 21	
set my alarm	**set** my alarm
sleep in	**slept** in
feel panicked	**felt** panicked
brush my teeth	**brushed** my teeth
skip the shower	**skipped** the shower
wear the same clothes	**wore** the same clothes
OUTPUT Day 22	
get on the bus	**got** on the bus
seats **are** full	seats **were** full
I **stand**	I **stood**
hold onto a strap	**held** onto a strap
get off the bus	**got** off the bus
a seat **is** empty	a seat **was** empty
sit down	**sat** down
give my seat	**gave** my seat
feel good	**felt** good
OUTPUT Day 23	
find a seat	**found** a seat
sit down	**sat** down
fall asleep	**fell** asleep
miss my stop	**missed** my stop
walk for 20 minutes	**walked** for 20 minutes
OUTPUT Day 24	
I **am** late	I **was** late
drive my car	**drove** my car
turn green	**turned** green
go straight	**went** straight
stop me	**stopped** me
he **says**	he **said**
I **am** speeding	I **was** speeding

turn on the TV	**turned** on the TV
the show **is** on	the show **was** on
watch the show	**watched** the show
pick up	**picked** up
turn down	**turned** down
turn up	**turned** up
I **am** annoyed	I **was** annoyed
change the channel	**changed** the channel

have a Maltese	**had** a Maltese
take him for walks	**took** him for walks
play with him	**played** with him
try to go	**tried** to go
he **barks**	he **barked**
give him	**gave** him
before I **leave**	before I **left**
I **say**	I **said**
come back	**came** back
chew up	**chewed** up
feed him	**fed** him

clean my house	**cleaned** my house
dust the furniture	**dusted** the furniture
vacuum the carpet	**vacuumed** the carpet
throw out	**threw** out
take out the trash	**took** out the trash
feel refreshed	**felt** refreshed
recycle	**recycled**
pay a fine	**paid** a fine

cook for my mom	**cooked** for my mom
like pasta	**liked** pasta
make pasta	**made** pasta
boil some spaghetti	**boiled** some spaghetti
put some salt	**put** some salt
the pasta **is** done	the pasta **was** done
taste it	**tasted** it
It **is** sweet	It **was** sweet
I **am** sad	I **was** sad

need some cash	**needed** some cash
go to an ATM	**went** to an ATM
there **is** a line	there **was** a line
I **wait**	I **waited**
get money	**got** money
It **is** my turn	It **was** my turn
I **see**	I **saw**
leave her card	**left** her card
give the card	**gave** the card
feel good	**felt** good

order a burger	**ordered** a burger
sit down	**sat** down
find a hair	**found** a hair
feel sick	**felt** sick
go to the clerk	**went** to the clerk
show him	**showed** him
the manager **comes**	the manager **came**
he **apologizes**	he **apologized**
he **gives** me	he **gave** me